*André Cochut*

# La Politique
# du libre échange

*Essai*

 Le code de la propriété intellectuelle du 1er juillet 1992 interdit en effet expressément la photocopie à usage collectif sans autorisation des ayants droit. Or, cette pratique s'est généralisée dans les établissements d'enseignement supérieur, provoquant une baisse brutale des achats de livres et de revues, au point que la possibilité même pour les auteurs de créer des œuvres nouvelles et de les faire éditer correctement est aujourd'hui menacée. En application de la loi du 11 mars 1957, il est interdit de reproduire intégralement ou partiellement le présent ouvrage, sur quelque support que ce soit, sans autorisation de l'Éditeur ou du Centre Français d'Exploitation du Droit de Copie , 20, rue Grands Augustins, 75006 Paris.

ISBN : 978-1545571118

10 9 8 7 6 5 4 3 2 1

*André Cochut*

# La Politique du libre échange

*Essai*

# Table de Matières

Transformation économique de l'Angleterre.  6

Le Régime économique de la France depuis 1789 ; la Révolution et l'Empire  45

Le régime économique de la France de 1815 à 1860  77

Un Principe nouveau ; Progrès comparés de l'Angleterre et de la France  119

## Transformation économique de l'Angleterre.

Il faudrait être bien aveugle pour ne pas voir que nous vivons à une de ces époques de rénovation qui fournissent à l'histoire ses dates mémorables. Deux changements profonds s'accomplissent simultanément, et ne sont, on le reconnaîtra plus tard, que deux aspects différents d'un même phénomène, deux effets d'une même cause ; ils ne tendent à rien moins qu'à transformer les sociétés européennes en modifiant à la fois leur discipline intérieure et le principe de leurs relations. L'un de ces changements, celui qui concerne le droit public et qu'on appelle en termes vagues le mouvement des nationalités, se révèle, à la manière des volcans, par un travail souterrain qui aboutit à des explosions : il brise les traditions, heurte des mêmes coups intérêts et sentiments, suscite d'ardentes sympathies ou de sombres colères par l'audacieuse grandeur du spectacle qu'il présente. Aussi a-t-il le privilège d'occuper l'attention, et bien que le temps ne soit pas encore venu de l'analyser sans passion, de le définir en pleine connaissance de cause et d'effets, il est à peu près l'unique thème de controverse dans les cercles politiques comme dans les journaux.

De l'autre grand changement social, on daigne à peine parler : c'est qu'il n'est plus une nouveauté pour notre public, au moins comme théorie, que ses effets dans la pratique ne se font pas sentir d'une manière immédiate et directe, et que le nom sous lequel il a été vulgarisé, le libre échange, donne lieu à une interprétation étroite. On est porté à croire qu'il s'agit uniquement des échanges commerciaux avec l'étranger, d'un simple remaniement de tarifs tendant à restreindre plus ou moins les profits des manufacturiers. Le principe ayant été tranché d'autorité chez nous, une sorte de polémique sur les détails d'exécution se poursuit, mais sourdement, sans cette émotion communicative qui force le public à écouter et à réfléchir. La multitude, observée à ses divers étages, laisse voir une, telle inintelligence des innovations récemment introduites, qu'on pourrait la croire désintéressée dans la question. Quelquefois seulement on rencontre des gens qui demandent avec l'air du désenchantement pourquoi l'on ne voit pas baisser plus vite les prix des sucres, du charbon de terre et des lainages, et puis c'est tout.

André Cochut

Le public français ne refuserait certainement pas à la réforme entreprise le degré d'attention qu'elle mérite, s'il en pouvait mesurer la portée sociale et politique. Il y aurait donc à lui montrer que le libre échange n'est pas seulement un problème de législation douanière, mais qu'il implique une refonte du régime commercial, tant à l'intérieur qu'à l'extérieur, et qu'il y conduit nécessairement, que c'est en un mot la restitution faite à l'individu de sa liberté dans l'exercice de son travail et dans l'échange de ses services contre les services d'autrui. Ceci étant admis, il deviendrait facile d'expliquer comment les anciennes conceptions politiques en matière d'administration et de droit international doivent se modifier sous l'influence du principe nouveau ; mais, dans une démonstration de ce genre, on aurait tort de procéder par des raisonnements abstraits : trop de gens affecteraient de ne pas les comprendre pour en dénaturer l'intention.

Une grande expérience entreprise depuis quarante ans chez nos voisins est à peu près terminée : appliquons-nous d'abord à en constater les résultats. Tenons-nous-en pour aujourd'hui à exposer comment, sous l'influence de la réforme économique, il s'est produit une Angleterre tout autre que celle qui existait au commencement du siècle, et bien préférable assurément. Qu'après avoir étudié ce mouvement de transformation, qui est peut-être le plus grand phénomène politique de notre âge, chacun se demande si l'immobilité serait encore possible dans les autres pays, et si la réforme essayée chez nous, au milieu d'un calme semblable à de l'insouciance, ne mériterait pas au contraire une attention passionnée.

## I. — PITT.

Deux erreurs de fait, passées à l'état de lieux-communs, forment le principal argument des adversaires de la liberté commerciale. — L'Angleterre, disent-ils, s'est d'abord fortifiée au moyen du régime prohibitif, et quand elle a eu le sentiment de sa supériorité, elle a entrepris une propagande perfide, tendant à désarmer ses rivaux pour les anéantir dans une lutte inégale. — Ceux qui soutiennent cette thèse ignorent les faits ou ont intérêt à les dénaturer.

Si l'on excepte le petit groupe d'observateurs que l'on commença à désigner par le nom d'*économistes* peu de temps avant la révolution française, les principes de Colbert en matière de commerce faisaient loi dans toute l'Europe : ils entraient dans l'éducation des hommes d'état, et répondaient aux préjugés instinctifs des chefs d'industrie. Le système protecteur existait donc en Angleterre comme partout ; mais, au lieu d'enrichir ce pays, il y avait produit son effet inévitable, qui est de ralentir le progrès. L'industrie britannique n'avait pas une vitalité plus grande que la nôtre avant 1799, elle n'a guère que depuis cette époque acquis une supériorité décisive : cette affirmation, contraire à l'opinion commune, va être prouvée. Quant à la réforme des lois commerciales, elle ne résulte pas plus d'une combinaison insidieuse que d'un zèle désintéressé pour le progrès : elle est sortie, comme la plupart des grands changements politiques, d'un besoin péniblement senti et de l'urgence d'y porter remède. La théorie s'est faite d'elle-même, pour ainsi dire, par l'évidence du succès.

Si on se rappelle que l'Angleterre et l'Écosse comprenaient à peine huit millions d'âmes en 1792, que l'Irlande n'était alors qu'une nation hostile, qu'au sein même de la population britannique l'esprit nouveau commençait à pénétrer les masses, on avouera qu'il y eut de la part de l'aristocratie une excessive audace à provoquer la France révolutionnaire. Pitt trouva moyen d'engager toute la nation en lui persuadant que la guerre où il la poussait était pour elle une affaire de vie ou de mort. Ce qui était un sophisme au début devint plus tard une réalité. La question étant ainsi posée, il n'y avait plus à mesurer l'étendue des sacrifices. De 1792 à 1815, on leva par voie d'emprunts 15 milliards 354 millions de francs, somme qui, en vertu de sa puissance d'achat, valait deux fois plus qu'aujourd'hui. On demanda aux riches une partie de leurs revenus ; on augmenta les impôts ordinaires, on frappa de taxes tous les objets qu'on put atteindre, si bien que le budget des recettes, qui était de 450 millions avant la guerre, finit par être à peu près quintuplé.

La suprême habileté de Pitt fut de comprendre que le peuple anglais, malgré son dévouement et son énergie, succomberait à la peine, si on ne développait pas ses ressources en proportion des sacrifices nécessaires. Des occurrences favorables vinrent en aide au grand ministre : c'était l'évolution commencée dans l'économie rurale, l'invention toute récente des moteurs et des métiers mécaniques, et en même temps les bévues administratives que l'on commettait en France. Les agronomes de l'école de Young et d'Arbuthnott avaient vivement frappé l'opinion publique en préconisant un type de grande exploitation consacrée exclusivement à la production des deux aliments essentiels, le blé et la viande : il y avait tendance à défricher les terres vagues et à les mettre en valeur conformément à cette conception. Voyant l'ordre aristocratique ébranlé par le courant des idées, et préoccupé de lui conserver son antique prépondérance, Pitt imagina de lui confier le monopole de l'alimentation populaire. Les deux cinquièmes du territoire étaient encore à l'état inculte : des espèces de déserts dont le fond appartenait au lord étaient considérés comme les communaux de la paroisse et livrés à la vaine pâture. On avait toléré aux temps des mœurs faciles que de pauvres paysans élevassent çà et là des cabanes dont le rapprochement avait parfois créé des hameaux. Survient la fièvre de 1792 : aussitôt se multiplient les actes de clôture (*inclosure bills*), c'est-à-dire les autorisations d'enclore et de défricher les communaux, et on dirige cette opération de manière à faire disparaître les groupes de petits cultivateurs libres. De propriétaires qu'ils se croyaient dans leur ignorance des subtilités féodales, ces malheureux deviennent fermiers ou journaliers dans les grandes exploitations qui se forment. Les défrichements sont toujours dispendieux, surtout quand il s'agit de féconder des terres médiocres ; mais des centaines de banques viennent en aide à la nouvelle industrie agricole, et elles se montrent d'autant plus libérales dans leurs crédits que la suspension des remboursements en espèces autorise largement l'usage du papier[1]. Pour surexciter parmi les *gentlemen farmers* ce genre de spéculation, dont les plus beaux fruits reviennent aux lords, on prodigue les monopoles. De 1796 à 1815, la législation sur les céréales est remaniée neuf fois, et toujours dans un sens plus restrictif, si bien qu'on arrive à l'équivalent de la prohibition absolue. La plupart des produits agricoles sont écartés par des droits très forts : l'entrée des viandes de boucherie est franchement interdite.

Un tel régime économique, combiné avec la détérioration du papier-monnaie, devait amener un enchérissement excessif des denrées, et je constate en effet que de 1796 à 1820 le blé s'est maintenu en moyenne à 35 francs l'hectolitre, bien qu'il valût moitié moins sur le continent. Pour trouver des consommateurs quand on doublait en même temps et le prix et la quantité des produits, il fallait des circonstances exceptionnelles : le miracle eut lieu. L'utilisation de la vapeur comme force motrice, le perfectionnement de la mécanique, surtout dans les filatures et le tissage, déterminèrent un phénomène équivalant à un prodigieux accroissement de la population. Pour les plus importantes spécialités parmi les articles manufacturés, les prix de vente s'abaissent de telle sorte que le fabricant peut mettre le salaire en rapport avec le prix exorbitant des vivres, en se réservant à lui-même un bénéfice inespéré. L'activité des manufactures se propage de proche en proche. Il y a des usines à bâtir, la terre à fouiller pour en tirer les métaux et les combustibles, des canaux à creuser, un matériel immense à combiner et à construire ; pour tout cela, la main-d'œuvre est sollicitée, largement payée. Le bien-être des ouvriers provoque leur classe à une multiplication rapide.

Cet agencement artificiel reposait cependant sur un échafaudage assez fragile : il eût suffi pour le renverser d'une concurrence intelligente, car les Anglais, en forçant démesurément leur production, se mettaient dans la nécessité absolue de vivre par le commerce extérieur, et comme il n'y avait rien d'impossible à ce qu'une autre nation s'appropriât les procédés nouveaux sans avoir à payer à une aristocratie nourricière cette prime énorme qui élevait artificiellement le salaire, il aurait pu se faire que les marchés lointains fussent sérieusement disputés aux spéculateurs britanniques ; mais alors le seul pays assez avancé pour se poser en concurrent, la France, déchirée intérieurement par les révolutions ou enivrée de gloire militaire, était en outre exposée aux excentricités économiques de ses administrateurs. Il faut le dire aussi, l'état de guerre portait profit à l'Angleterre en autorisant cette politique âpre et spoliatrice qu'on lui a souvent reprochée, et non sans motifs. Dans tout pays allié ou conquis, les agents britanniques s'appliquaient à paralyser la navigation locale, et la police maritime qu'ils y substituaient n'était qu'une savante organisation de la contrebande au profit des manufactures anglaises.

L'Angleterre avait traversé à son honneur une épreuve terrible ; elle s'était placée politiquement au premier rang des nations et avait donné aux autres peuples la plus haute idée de son énergie et de sa richesse. Était-elle après 1815 vraiment riche dans la naïve et bonne acception du mot ? Sans doute elle avait développé étonnamment ses moyens de production et son revenu collectif, sans doute un capital énorme s'était accumulé dans les trente-deux mille familles propriétaires du sol, parmi les grands entrepreneurs de culture, les créateurs de canaux, les premiers organisateurs de la grande industrie ; néanmoins je ne puis m'accoutumer à considérer comme riche un pays où les deux tiers des habitants meurent de faim. Telle était la situation de la glorieuse Angleterre après la paix qu'elle avait dictée. Son développement rapide résultait pour ainsi dire d'une manœuvre de guerre : il avait quelque chose d'excessif et de monstrueux dont on sentait les vices à mesure qu'on se rapprochait d'un état normal à la faveur de la paix. La prime qu'il fallait payer à l'aristocratie pour chaque bouchée de pain, les taxes levées au profit du trésor sur presque tous les objets d'un usage courant, paralysaient l'activité à l'intérieur, et quant au commerce avec l'étranger, il se heurtait chaque jour à des obstacles nouveaux, soit que les autres nations essayassent de se protéger par le jeu des tarifs, soit qu'elles ouvrissent une concurrence sérieuse. La contrebande n'était plus une ressource. Si on forçait encore la vente, c'était au moyen des bas prix, mais aux dépens des ouvriers, dont on réduisait les salaires. Malgré cela, les exportations de 1820 à 1830 restèrent inférieures à ce qu'elles avaient été pendant les vingt années précédentes, et la misère devint une honte pour le pays, une plaie irritante pour la multitude : plus d'une fois la société fut mise en péril par des conspirations ou des soulèvements populaires. Les scènes de désordre qui ont attristé cette époque sont à peu près oubliées en Angleterre, de même qu'on oublie la souffrance après la guérison. Il est bon cependant de s'y arrêter, parce que la peur d'une guerre sociale, en disposant le pays à écouter quelques hommes bien inspirés, marque pour ainsi dire le point de départ des réformes économiques.

On commença à voir en 1817 des bandes d'ouvriers affamés improviser des espèces de *meetings* qui dégénéraient trop souvent en émeutes. Un jour que le célèbre Henri Hunt, l'idole de la populace, avait harangué la foule dans un des carrefours de Londres, des bandes se formèrent sous l'impulsion d'un certain

Watson ; on se procura des armes en pillant le magasin d'un armurier, et on marcha en colonnes serrées sur la banque et la bourse, comme pour assiéger les arsenaux de l'aristocratie. La répression fut prompte et foudroyante : les assaillants furent sabrés par la cavalerie, et la police fit de nombreux prisonniers. Watson parvint à s'échapper à la faveur du tumulte, mais ceux que l'on considérait comme ses lieutenants furent pendus en pleine rue de Londres, devant le magasin où avait eu lieu le pillage des armes. La rigueur de cet exemple empêcha peut-être pendant quelque temps la révolte ouverte, mais elle ne fit qu'envenimer la mystérieuse propagande qui désorganisait les ateliers. Au commencement de l'année 1819, Hunt reparaît à Manchester, appelé pour présider un grand *meeting* que les sociétés populaires ont résolu de tenir, bien que les autorisations d'usage leur aient été refusées par les magistrats. À l'attitude des masses, on voit qu'elles ont déjà une discipline et leurs mots d'ordre ; on lit sur les drapeaux : « Droits de l'homme, — suffrage universel, — parlement annuel, — égalité ou la mort ! (*equal représentation or death*), — À bas la loi sur les blés (*no corn-law*) ! » Parfois ces devises ont pour accompagnement un bonnet phrygien ou un poignard sanglant. Dans son discours, que quarante mille personnes écoutent en frémissant, Hunt déclare que la classe ouvrière est à bout de souffrances, qu'il ne s'agit plus de s'adresser à un parlement qui a jusqu'ici repoussé du pied (*kicked*) les pétitions du pauvre, mais que « le jour est venu pour le peuple de pousser en avant, comme il convient à des hommes et à des Anglais, et de faire valoir ses droits. »

La foule sur qui tombaient ces paroles enflammées se sépara pourtant sans tumulte, après avoir voté l'envoi d'une espèce d'ultimatum, sous forme de supplique au régent ; mais par les causes qui ont été signalées plus haut, l'insuffisance du travail et l'avilissement des salaires allaient toujours en augmentant. La détresse des ouvriers semblait un mal sans espoir, et l'esprit de révolte se répandait comme une contagion dans les centres industriels. On signalait de tous côtés des *meetings* de désœuvrés et d'affamés aussi nombreux, aussi menaçants que celui de Manchester. Toujours des anathèmes contre les vieilles institutions, contre les classes à l'abri de la misère commune, et tout cela entremêlé de systèmes et de projets en faveur du travail. Un des plus tristes symptômes fut la formation dans plusieurs villes des clubs de femmes à l'exemple d'une société mère (*femal Reform Society*) instituée à Blackburn, près de Manchester. Dans les circulaires envoyées aux femmes et aux filles d'ouvriers pour les inviter à multiplier les sociétés sœurs, il était dit que l'affiliation de femmes, mères de famille ou destinées à le devenir, tendait à enraciner profondément dans la tête et dans le cœur des enfans la haine des pouvoirs établis (*a deep-rooted hatred of our tyrannical rulers*). Dans un *meeting* tenu à Blackburn, une députation du club des femmes parut sur la plate-forme et présenta au président une adresse révolutionnaire avec un bonnet de liberté[2]. Cette scène fut reproduite dans d'autres assemblées populaires.

La ville de Birmingham, malgré son importance toujours croissante, n'était pas encore représentée au parlement. Ce déni de justice ayant été signalé dans un *meeting* tenu le 12 juillet 1819, l'idée vint au peuple assemblé de nommer immédiatement un député et de l'envoyer à Londres. Le choix tomba sur un baronet du Staffordshire, sir Charles Wolseley, qui s'était fait connaître par des manifestations démocratiques. L'élu répondit fièrement qu'il acceptait le mandat, et qu'il irait prendre possession de son siège à la chambre des communes. Cette nouveauté mit en ébullition les sociétés populaires ; un mot d'ordre courut dans tout le pays pour multiplier les élections de ce genre. Leeds s'empressa de faire la sienne. Hunt fut nommé dans une réunion des plus tumultueuses qui eut lieu le 21 juillet à Smithfield. À Manchester, siège des principaux meneurs, on voulut que le choix des députés eût le caractère d'un acte souverain. Une convocation extraordinaire fut faite pour le 16 août ; le *meeting* devait avoir lieu, comme toutes les réunions de ce genre, dans une vaste plaine à proximité de la ville, appelée le Champ Saint-Pierre.

Cependant le gouvernement, qui paraissait avoir accepté jusqu'alors comme une circonstance atténuante l'irritation causée par une extrême misère, était à bout de patience. Il est évident que si ces prétendus représentans du peuple avaient pu être nommés en grand nombre, ils auraient formé tout naturellement une sorte de convention opposée au parlement légal. Ordre fut donné d'arrêter Wolseley et quelques autres agitateurs désignés par les suffrages séditieux. Hunt avait été appelé à présider la grande assemblée de Manchester ; il n'eut garde de manquer au rendez-vous. Son passage à travers la ville fut une marche triomphale : il était debout sur une espèce de char, ayant à ses côtés la présidente du club des femmes de Blackburn, qui agitait fièrement une bannière. Les radicaux du comté avec les députations des divers centres industriels formaient une escorte qu'on a évaluée entre quatre-vingt et cent mille personnes. Cette armée marchait en colonnes serrées, affectant une allure martiale ; deux clubs féminins s'y trouvaient au grand complet et formaient un bataillon. On arriva ainsi au Champ Saint-Pierre, et la foule se déploya autour de l'estrade, frémissante d'avidité pour la parole de son orateur favori. Hunt avait à peine prononcé quelques mots qu'on vit apparaître un magistrat de police à cheval, suivi d'une quarantaine de cavaliers appartenant à la *yeomanry*, espèce de garde nationale recrutée alors parmi les propriétaires fonciers et les gros fermiers. Pendant que Hunt parlementait avec le magistrat chargé de l'arrêter, les *yeomen*, se sentant pressés dans la foule, enlevèrent leurs chevaux pour se dégager. Ce mouvement occasionna un grand trouble ; plusieurs corps de cavaliers étaient en observation dans le voisinage ; soit crainte que leurs camarades ne fussent en péril, soit impatience d'infliger une correction à cette tourbe qui les inquiétait depuis si longtemps, les *yeomen* s'élancèrent au galop, sabre au poing : leur fougue entraîna un régiment de hussards. La foule épouvantée se dispersa à travers champs ; mais dans le premier feu de la colère les cavaliers donnèrent la chasse aux fuyards, et peu d'instans suffirent pour que trois ou quatre cents personnes fussent foulées aux pieds des chevaux, contusionnées, sabrées ou même frappées à mort.

Il ne faut pas croire que cette rude leçon ait coupé court aux agitations démagogiques. Les hommes sensés du parti conservateur ne furent que plus inquiets : les radicaux allaient inspirer cette sorte d'intérêt qui s'attache aux victimes. En effet, Londres, Liverpool, Nottingham, York, Norwich, Paisley, Bristol, Glasgow et d'autres villes sans doute virent aussitôt des *meetings* où l'on protestait avec colère contre la sanglante exécution de Manchester. L'orateur allait se placer au-dessous du drapeau vert des radicaux voilé d'un crêpe ; au *meeting* de Leeds, on voyait, peinte sur une espèce d'enseigne, une femme coupée en deux d'un coup de sabre par un *yeoman*, avec ce seul mot pour devise : « Vengeance ! » On ne tarda pas à constater que les ouvriers de tous les grands centres industriels ourdissaient une vaste affiliation, et qu'ils se préparaient à frapper un coup décisif. Toutefois le radicalisme fut mis en échec devant l'opinion par la folle et odieuse conspiration d'Arthur Thistlewood, découverte par la police de Londres en février 1820. On a affecté de présenter cet homme comme un Catilina de bas étage, qui devait, avec une cinquantaine de vauriens, assassiner en une nuit tous les ministres, incendier les quartiers riches, piller la banque, vider les arsenaux pour armer la populace et régner enfin sur la ruine des institutions. Thistlewood a dit devant ses juges qu'il voulait seulement venger les victimes de Manchester, et il est probable en effet que son complot n'a pas été autre chose qu'une éruption hâtive et partielle de la fièvre qui agitait les classes ouvrières.

Il y eut encore par la suite des conjurations et des émeutes ; mais elles perdirent peu à peu ces caractères d'animosité et d'audace qui faisaient craindre la guerre civile. Quelle est la cause de cet apaisement ? Faut-il croire qu'une attitude plus énergique prise par l'autorité a terrifié les factieux, ou bien qu'une série de récoltes abondantes, à partir de 1820, a ramené l'activité dans les ateliers, tout en facilitant l'acquisition des denrées ? Il se peut que ces circonstances aient atténué la aise, mais elles n'ont pas attaqué le mal dans son germe. Rappelons-nous que jusqu'en ces dernières années la détresse des basses classes en Angleterre, le danger d'une révolution sociale en ce pays ont été des lieux-communs exploités dans les publications du continent : on trouve même encore bien des gens qui, sous l'impression de leurs anciennes lectures, sont persuadés que les ouvriers anglais sont beaucoup plus à plaindre que ceux des autres pays. On ne remarque pas que la société anglaise, si malade il y a quarante ans, est depuis cette époque sous l'influence d'un traitement qu'elle a suivi avec une merveilleuse persévérance parce qu'elle s'en est bien trouvée, et qu'elle s'est fait pour ainsi dire un tempérament nouveau.

## II. — HUSKISSON.

Que la constitution économique de l'Angleterre fût mauvaise, intolérable, qu'il y eût urgence de la changer, cela devenait évident pour tous les yeux. Ce fut sous le poids de cette impérieuse nécessité que surgirent dans certains esprits les idées de réforme. Rien au début ne ressemble à cette prétendue machination des industriels anglais pour propager à l'extérieur un système de liberté favorable au placement de leurs marchandises. À l'époque où partit le souffle qui communiqua la première impulsion, c'était au commencement de 1820, les négociants anglais, comme ceux du reste de l'Europe, honoraient les traditions mercantiles remontant à Colbert. Ils conservaient une foi naïve dans les vertus du régime protecteur : ils étaient d'ailleurs tellement subjugués par l'ascendant du torysme, qu'ils se seraient fait scrupule de solliciter un amendement aux combinaisons émanées du génie de Pitt. Il se trouvait alors par exception à Londres un négociant familiarisé avec les doctrines de l'école économique, Thomas Tooke, homme de mérite à tous égards, et d'autant plus considéré parmi ses confrères que ses habitudes studieuses n'avaient pas été nuisibles à sa fortune[3]. Il avait pour spécialité le commerce d'échange avec la Russie, et pratiquait sur une large échelle l'importation des bois. Subissant comme tout le monde la gêne des lois restrictives et d'une fiscalité écrasante, persuadé comme citoyen qu'un pareil régime amènerait une crise dangereuse en poussant à bout la classe ouvrière, il entrevit l'unique chance de salut aux lueurs encore douteuses de la science qu'il cultivait : c'était une marche en sens inverse de celle qu'on avait suivie, un retour vers la liberté commerciale. Le moyen qu'il adopta pour mettre le problème à l'ordre du jour fut d'adresser au parlement une pétition sur la souffrance du commerce ; mais il fallait pour cela qu'un certain nombre de signatures recommandables ajoutassent au poids de la sienne. Ceux de ses confrères qu'il supposait préparés à le comprendre étaient en bien petit nombre dans la Cité. Ce ne fut pas sans peine qu'il détermina quelques-uns d'entre eux à l'écouter ; il fut même convenu qu'on éviterait le retentissement d'un *meeting* public, et que la conférence aurait lieu dans un dîner sous forme de conversation entre amis.

Le 21 janvier 1820, une dizaine de négociants se trouvaient attablés dans une des tavernes adoptées pour les réunions du haut commerce. Thomas Tooke expose ses idées, il est chaleureusement applaudi ; mais hélas ! après le repas, chacun des convives, le tirant à l'écart pour le féliciter, lui propose, comme amendement au programme, quelque mesure en faveur de son propre négoce, quelque obstacle à l'activité d'autrui. Le promoteur de la réunion fut obligé de s'avouer qu'il n'avait pas même été compris par ceux qu'il avait choisis comme ayant quelque teinture des doctrines d'Adam Smith. Il avait remarqué en outre chez la plupart de ses auditeurs l'appréhension de déplaire au ministère tory en provoquant un mouvement d'idées. Il fallait dissiper ce scrupule ou renoncer au concours de ses confrères. Il prit donc à tâche de sonder les dispositions du pouvoir. L'intensité de la crise commerciale jetait sur l'ensemble de la politique une teinte sinistre. Le chef du cabinet, lord Liverpool, fort inquiet sans doute, accueillit ce projet de pétition, qui allait lui fournir le prétexte d'une enquête parlementaire, moyen assez en usage pour ajourner les difficultés. Dès que les dispositions du premier ministre furent connues, le gouverneur et la plupart des directeurs de la banque d'Angleterre, qui avaient d'abord refusé leur concours, s'empressèrent de signer la pétition ; les notables de la Cité vinrent d'eux-mêmes offrir leurs noms, et probablement sans mesurer la portée de l'acte auquel ils adhéraient.

Cette fameuse pétition des marchands de Londres fut présentée à la chambre des communes, le 8 mai 1820, par M. Alexandre Baring (lord Ashburton), et à la chambre haute par lord Lansdowne. Ce n'était qu'un résumé abstrait des axiomes économiques sur les phénomènes de l'échange : on y exposait en termes généraux les inconvénients du système restrictif, et, sans signaler aucun fait d'application, on concluait en sollicitant une réforme douanière en harmonie avec les principes. L'impulsion étant donnée, des pétitions analogues, impliquant la demande d'une enquête, furent envoyées de Glasgow, de Manchester et de Bristol. Si l'on est curieux de savoir ce qu'était en 1820 l'opinion du public anglais sur le libre échange, on en trouvera le reflet exact dans les débats provoqués par la pétition des marchands. L'assemblée presque tout entière prend d'abord cette attitude dédaigneuse avec laquelle on repousse les utopies déraisonnables, indignes de discussion. Quelques orateurs à l'esprit aventureux mettent en relief les abus du régime en vigueur, tout en avouant qu'une transformation radicale comme celle qui est suggérée par les pétitionnaires est pleine de difficultés et de périls. Cette thèse est celle que soutient lord Liverpool dans la chambre haute. À coup sûr, selon lui, il serait heureux pour l'humanité que toutes les nations fussent constituées sur les basés de la liberté commerciale ; mais il n'en est pas ainsi : chacune d'elles a pourvu à sa propre défense. L'Angleterre pourrait peut-être adoucir les lois protectrices de ses fabriques, mais jamais celles qui défendent son agriculture, tant celles-ci sont identifiées avec ses institutions. Après tout cela, les pétitionnaires ne devaient pas s'attendre à beaucoup de succès. À leur grand étonnement, lord Castlereagh tire à part M. Baring, et lui déclare que si la formation d'un comité d'enquête est demandée, le gouvernement n'y fera pas obstacle[4].

Si l'on veut bien se rappeler que cet incident eut lieu dans un moment d'effroyable misère, au lendemain du jour où l'on venait de pendre à Londres Thistlewood et ses complices, et quand on annonçait de toutes parts que les ouvriers affamés forgeaient des armes, on comprendra qu'une enquête destinée à améliorer l'état économique ait été prise au sérieux par beaucoup d'esprits. Le comité des communes, composé de vingt-deux membres, parmi lesquels on distinguait MM. Frédéric Robinson, Baring, Canning, Huskisson, siégea pendant trois ans, et publia quatre volumineux rapports. Le comité de la chambre des lords restreignit le cadre de ses recherches, et ne publia que deux volumes. Les documents recueillis manquaient de méthode et de proportion : ils éclairaient surabondamment certaines spécialités du commerce extérieur, comme les lois de navigation, le privilège de la compagnie des Indes, les relations avec les colonies, l'importation du bois, et ici on surprend l'influence personnelle du promoteur de l'enquête. Si par hasard les rapporteurs abordaient les généralités et rendaient hommage au principe de la liberté commerciale, c'était avec toute sorte de restrictions et de ménagements pour les préjugés du public. Ces *évidences* toutes nouvelles, comme disent les Anglais, sur une foule de phénomènes incompris jusqu'alors, ont provoqué la sagacité des observateurs, et c'est à partir de cette époque qu'on a vu poindre cette école des *free traders* qui a conjuré la catastrophe imminente, en provoquant une transformation sociale dont l'histoire parlera avec admiration, quand elle sera complète et qu'on en aura mesuré l'étendue.

Une fois placés à ce point de vue, les bons esprits ne tardèrent pas à découvrir la voie où il fallait entraîner le pays. Augmenter l'essor industriel par la révision des lois et règlements qui faisaient obstacle au travail, et surtout par la suppression des droits sur les matières premières, donner quelque satisfaction à la multitude en avisant au moyen de réduire les taxes sur les objets de grande consommation, telles étaient les bases d'un programme assez vaguement esquissé à l'origine, et théoriquement personne n'avait d'objections à y faire. Quant à la pratique, c'était autre chose. On allait se heurter à cette innombrable majorité qui applaudit aux réformes, mais à la condition qu'elles ne dérangeront aucune classe dans ses intérêts, aucun praticien dans ses routines. Le trésor avait besoin de toutes ses ressources, et n'entendait pas qu'on les réduisît. L'aristocratie territoriale considérait son monopole comme un talisman auquel l'Angleterre devait sa prépondérance en Europe. Les commerçants, les manufacturiers étaient en plein sous l'illusion du système protecteur. Cette situation des esprits fait comprendre le retentissement qu'eurent à cette époque les délibérations du parlement britannique relativement au commerce des soieries.

C'est pour ainsi dire par le suicide de l'ancien régime que la nouvelle doctrine libérale arrive pour la première fois au pouvoir. Le 12 août 1822, au moment de partir pour le congrès de Vérone, où il s'agissait de cimenter la sainte-alliance, Castlereagh tomba dans un noir désenchantement de ses propres principes et se coupa la gorge. Sentant la nécessité de reformer un cabinet plus en harmonie avec l'opinion, lord Liverpool s'adjoignit Canning à la place de Castlereagh, lord Ripon (M. Robinson) comme chancelier de l'échiquier, et M. Huskisson comme président du bureau de commerce, trois *free traders*. Robert Peel, introduit dans ce même cabinet comme ministre de l'intérieur, et alors imbu de tous les préjugés économiques de son parti, était le plus ardent avocat des monopoles dont la destruction devait plus tard faire sa gloire. Pendant deux ou trois ans, et comme pour se préparer la main, Huskisson s'appliqua à réduire les taxes oppressives en évitant d'amoindrir les ressources du trésor. Des dégrèvements portant à la fois sur l'excise et les douanes exonérèrent plus ou moins le tabac, le café, le cacao, les vins et spiritueux, le vinaigre, les épices, les bois, la verrerie et presque toutes les matières premières à l'usage des fabriques. L'impôt sur le sel, qui avait été porté au taux énorme de 15 shillings par *bushel* (18 francs 75 centimes pour 36 litres), fut aboli en deux fois et n'a pas été rétabli depuis cette époque. En même temps, l'habile ministre remaniait une foule de règlements surannés touchant le commerce et la navigation pour les rapprocher autant que possible du principe de liberté. Dans cet ordre d'expériences, l'assimilation complète de la Grande-Bretagne et de l'Irlande en matière de douanes, l'ouverture des Indes orientales aux vaisseaux, autres que ceux de la compagnie, jaugeant moins de 350 tonneaux, la révision des lois sur l'office des courtiers de marchandises, sur les primes d'exportation et les *drawbacks*, sur les entraves à l'émigration des ouvriers et à la sortie des machines, ont été des services considérables et plus appréciés de jour en jour.

Tant qu'Huskisson procéda par voie de tâtonnements financiers, conservant l'équilibre des budgets, ménageant les abus érigés en droits, on toléra ses essais, on y applaudit même souvent. Rien n'était fait cependant, puisqu'on n'avait pas encore entamé le régime protecteur. Huskisson choisit pour ouvrir la première brèche l'industrie de la soie, et ce fut de sa part une habileté. La fabrication des soieries, que le pays ne pouvait pas classer au rang de ses industries naturelles et nécessaires, était le plus protégé de tous les métiers et un des plus arriérés. Une prohibition absolue écartait toute concurrence étrangère. Le public payait à des prix excessifs des marchandises médiocres à tous égards, et les producteurs criaient détresse. Puisque cette industrie ne donnait satisfaction à personne, il était à croire qu'on en pourrait modifier les bases sans rencontrer trop de résistance. Il ne s'agissait d'ailleurs que de remplacer la prohibition absolue par un droit protecteur de 30 pour 100. L'alarme se mit néanmoins parmi les classes intéressées au maintien du monopole : on y sentait instinctivement que les novateurs ne s'en tiendraient pas à une seule victoire, et qu'un principe ébranlé par un premier coup décline rapidement jusqu'à sa chute. Le parti conservateur s'organisa aussitôt pour la résistance, et par l'effet de ses évolutions le membre qui avait présenté en 1820 la fameuse pétition des marchands de Londres, M. Baring, prit à cœur d'introduire et de défendre les nombreuses suppliques où les fabricants de soieries affirmaient qu'ils allaient être inévitablement ruinés par la levée des prohibitions.

La réforme proposée resta pendant trois sessions à l'état de controverse parlementaire où éclatèrent plus d'une fois le génie et l'ardente conviction d'Huskisson. En 1826, la prohibition absolue des soieries étrangères fut enfin remplacée par un droit proportionnel de 30 pour 100. À cette époque, les manufactures anglaises mettaient en œuvre 1,260,000 kilogrammes de soie brute ; vingt ans plus tard, elles en employaient 3,413,000 : le nombre des métiers était triplé. On découvrit en 1845 que la prime exigée par les contrebandiers pour l'introduction frauduleuse des étoffes de soie n'était que de 15 pour 100, tandis que le droit perçu par la douane était de 30 pour 100. On modifia en conséquence le tarif légal, et la fabrication augmenta encore. Arrive l'exposition universelle de Londres : les merveilles de l'industrie lyonnaise sont mises en regard des produits similaires ; les manufacturiers anglais reconnaissent leur infériorité. Vont-ils demander qu'on les garantisse de la concurrence ? Bien au contraire. En novembre 1852, vingt-sept manufacturiers de Manchester adressent au chancelier de l'échiquier un mémoire où ils exposent que le reste de protection conservée en leur faveur ne sert qu'à paralyser leur industrie, en propageant cette opinion que les produits anglais sont inférieurs à ceux des fabriques continentales ; que si les producteurs arrivaient au contraire à une large exportation, il leur deviendrait possible d'améliorer leur travail au point de soutenir à tous égards la concurrence des étrangers : en conséquence, ils demandent au gouvernement « qu'il lui plaise de les *soulager* en abolissant les droits sur les tissus de soie d'origine étrangère, *non partiellement et graduellement, mais totalement et immédiatement.* » Les manufacturiers de Spitalfields et de Coventry ne montrant pas une résolution aussi ferme que ceux de Manchester, le gouvernement hésite. On envoie à Paris pour l'exposition de 1855 des commissaires chargés de comparer les produits de tous les pays : ceux-ci déclarent que si la palme du bon goût et de la fantaisie élégante reste encore aux Français, les fabriques nationales peuvent défier toutes les concurrences en ce qui concerne la solidité du tissu, la teinture et le bon marché. Ces résultats étant acquis, les hommes sensés comprennent qu'il n'y a plus d'inconvénient à renverser les dernières barrières, et que l'introduction d'une certaine quantité d'articles de luxe, loin de compromettre l'existence des fabriques anglaises, ne sera qu'un moyen de compléter leur éducation et de leur faire sentir l'aiguillon de la concurrence. C'est alors qu'à l'occasion du traité de commerce avec la France, on enlève à l'industrie des soieries ses derniers privilèges pour la livrer à toutes les éventualités du libre échange[5]. J'ai rapproché ces faits au risque de rompre la série des dates, parce que l'expérience concernant les soieries, commencée avec éclat par Huskisson, est celle qui a le plus servi à l'éducation commerciale du public anglais.

Depuis la retraite d'Huskisson en 1827 jusqu'à l'avènement de Robert Peel comme premier ministre en septembre 1841, les hommes d'état, presque sans exception, obéirent à l'impulsion donnée. On retrouve dans leurs actes financiers la préoccupation d'égaliser les charges publiques, d'amoindrir les obstacles opposés par la fiscalité à la liberté des transactions, à l'essor des aptitudes individuelles. C'est par des dégrèvements que les chanceliers de l'échiquier recommandent leurs budgets à l'approbation de l'Angleterre. Le trésor abandonne ainsi 61 millions de francs par des réductions sur les charbons, les huiles, les sucres, les fruits secs, la soie brute, le chanvre et diverses matières à l'usage des ateliers. Le remaniement des taxes de consommation sur la bière, l'alcool, les cuirs, la chandelle, le bois, le savon, l'empois, le papier, les cotonnades imprimées, entraîne un sacrifice de plus de 200 millions, et pour obtenir la réforme postale, on ne s'effraie pas d'une perte sèche de 31 millions qui ne devait être compensée que vingt ans plus tard. Le total des dégrèvements pour cette période de quatorze années dépasse donc 292 millions de francs. Les ministres n'avaient pas beaucoup de résistance à vaincre : l'opinion les soutenait. La situation du public anglais était celle du malade qui se livre à ses docteurs sans connaître les périls et l'amertume des traitements à subir. La guérison du mal politique au moyen de la réforme financière et commerciale était le thème de beaucoup d'écrits recherchés alors, oubliés aujourd'hui. Il me semble même que je manquerais à un devoir en né mentionnant pas un livre d'un grand effet, celui d'Henri Parnell, où le problème à l'ordre du jour a été creusé avec la plus vigoureuse pénétration[6]. Ce fut aussi vers la fin de cette période, en 1838, que prit naissance cette fameuse *ligue de Manchester*, à qui il était réservé de livrer les grandes batailles, et de recueillir presque sans partage les honneurs du triomphe.

André Cochut

## III. — ROBERT PEEL.

Quelque considérable que nous paraisse le chiffre des dégrèvements, il n'en était résulté que des remaniements de tarifs, arrêtés juste au point où les intérêts du trésor allaient être compromis, et laissant subsister la plupart des anciens monopoles. Les whigs, comme des opérateurs timides, avaient effleuré la plaie, sans oser porter le fer jusqu'aux profondeurs. Vers 1841, la détresse des classes ouvrières, augmentée accidentellement par l'insuffisance des récoltes, semblait mettre de nouveau la société en péril. L'agitation contre les *corn-laws* empruntait à ces circonstances le caractère d'une grande lutte politique. Le torysme se serait évidemment perdu par une résistance obstinée : les hommes intelligents du parti le comprirent, et, par un vigoureux effort, ils portèrent Robert Peel jusqu'au sommet du pouvoir, afin que le plus capable d'entre eux eût la main haute au milieu des changements inévitables. Une certaine émotion existait en ce moment à propos d'un comité institué par la chambre des communes avec mission d'analyser la législation douanière en distinguant les droits plus ou moins protecteurs de ceux qui avaient pour unique raison d'être les intérêts du trésor. L'enquête venait de révéler que, sur onze cent cinquante articles mentionnés au tarif et fournissant une recette brute de 574 millions de francs, il y en avait dix-sept dont on tirait 542 millions, vingt-neuf produisant 22 millions, et onze cent onze ne donnant que fort peu de chose ou rien. Quant à l'effet des taxes sur les transactions, on en avait signalé plusieurs comme malfaisantes et d'autres comme ridicules. Les ligueurs de Manchester faisaient grand bruit de ces aveux officiels, et jusqu'au sein du ministère tory on les avait pris en sérieuse considération.

On connaît le premier plan de Robert Peel, qui consistait à pratiquer sur une large échelle la réforme des tarifs commerciaux, sauf à compenser les pertes du trésor par l'établissement d'un impôt sur les gros revenus, et à restreindre autant que possible les concessions demandées à l'aristocratie territoriale par le cri populaire. Je ne rappellerai pas des incidents qui ont pris récemment, sous une plume habile, l'intérêt du drame[7] ; je dois m'en tenir à enregistrer sommairement les résultats. Les principes adoptés par Robert Peel en matière de douanes se résumaient en quatre points : abolition définitive des prohibitions, franchise absolue pour les matières brutes mises en œuvre dans les manufactures, droits très modérés sur les objets à demi travaillés, et, à l'égard des articles achevés, pondération combinée de manière à ce que la concurrence étrangère devienne sérieusement profitable aux consommateurs ; enfin suppression des entraves fiscales ou réglementaires nuisibles au travail intérieur ou à l'exportation des produits nationaux. Ces principes, introduits dans cinq budgets consécutifs (1842-46), occasionnèrent de nouveaux dégrèvements, montant à 191 millions de francs. Les impôts sur les bois, les huiles, le bétail, les sucres, le café, le coton, la soie, la laine brute, se trouvèrent de plus en plus allégés ; on effaça du tarif un nombre très considérable d'articles donnant moins de 250,000 francs chacun : le droit d'excise sur les verreries, qui rapportait encore plus de 20 millions, la taxe sur les ventes aux enchères, dont on tirait près de 8 millions, furent définitivement abandonnés.

Une date particulièrement remarquable dans cette œuvre de salut, commencée déjà depuis un quart de siècle, est l'année 1846. Grâce à l'ardent et ingénieux prosélytisme de M. Cobden et de ses amis, l'agitation avait pris une ampleur formidable. Robert Peel lui-même, en dépit de ses engagements et de ses sympathies, était converti au libre échange au point d'en accepter toutes les conséquences. Sa tactique pour prolonger le monopole, devenu odieux au pays, avait d'ailleurs échoué : il ne lui restait plus qu'à sauver par une honorable retraite les aveugles de son parti qui auraient voulu résister encore, au risque de se perdre. Robert Peel eut donc à lutter contre les plus opiniâtres de ses amis pour faire adopter une loi qui maintenait pendant trois années encore l'échelle mobile, mais avec des tarifs affaiblis, et qui, à partir du 1$^{er}$ février 1849, autorisait la libre importation des céréales avec un simple droit de balance équivalant à 42 centimes par hectolitre. Ce vote a été le fait culminant, la victoire décisive entre tous les combats livrés jusqu'à ce jour pour la transformation économique de la société anglaise : il a consacré un nouvel ordre de choses en sacrifiant un monopole qui était une des bases de l'ancienne constitution politique.

Depuis plusieurs années déjà, on avait touché le point où il n'était plus possible de racheter, par le développement de la consommation, les pertes occasionnées par la réduction des tarifs. On ne pouvait constituer le trésor en état de déficit permanent ; il n'y avait plus qu'à choisir entre deux, partis extrêmes : suspendre le traitement commencé, et dont on ressentait déjà les bons effets, au risque de retomber dans les convulsions, ou bien faire entrer dans le système fiscal une combinaison déjà expérimentée à titre de sacrifice temporaire, l'*income-tax*. Entre ces deux extrémités, le bon sens du public n'hésita pas, et ce fut encore le *leader* des classes riches, Robert Peel, qui, vaincu par la nécessité, inscrivit à l'actif du budget l'impôt sur la richesse.

En 1851, les prohibitionistes français ont osé dire à la tribune, par l'organe de leur plus habile avocat, que l'introduction de l'*income-tax* en Angleterre n'avait pas été autre chose qu'un hommage rendu à l'excellence de notre système financier, que nos voisins, sans se préoccuper de liberté commerciale, avaient voulu tout simplement naturaliser chez eux un impôt direct analogue au nôtre. Il a fallu beaucoup de légèreté ou une confiance bien grande dans la crédulité des adversaires pour soutenu, une pareille affirmation. Comme conception fiscale et comme portée politique, rien n'est plus dissemblable que les deux systèmes dont il s'agit. L'*income-tax* anglais est un impôt frappé exclusivement sur les gros revenus, quelles qu'en soient l'origine et la nature. Qu'il soit propriétaire du sol ou fermier exploitant, spéculateur ou industriel, rentier ou fonctionnaire, savant ou artiste, le citoyen anglais doit à l'état une partie de la rente, du traitement ou du bénéfice qu'il encaisse, pourvu que son contingent dépasse en valeur effective 2,500 francs par année[8]. Le caractère, de l'*income-tax* et sa raison d'être ont été de soulager la multitude nécessiteuse au moyen d'une cotisation infligée à ceux qu'on suppose au-dessus du besoin. Oserait-on soutenir que tels sont les caractères de nos quatre contributions directes ? Chez nous, l'état s'adjuge une portion de la valeur existante, si mince qu'elle soit, sans s'inquiéter de la situation réelle du détenteur. Il n'y a pas d'exonération stipulée au profit du contribuable obéré, et la moitié de la taxe foncière est fournie par des propriétaires qui ne réalisent certainement pas un revenu net de 2,500 fr. Chacun paie non en raison du produit effectif qu'il réalise, mais suivant un tarif cadastral égal pour le propriétaire opulent qui a pu améliorer son fonds au point d'en décupler la rente et pour le cultivateur ruiné qui ne travaille plus que pour solder ses créanciers hypothécaires. Dans l'ordre industriel, on devient contribuable chez nous par le seul fait qu'on occupe une usine, un atelier, une boutique, et la patente qu'il faut payer n'est pas proportionnelle, comme en Angleterre, à un bénéfice net et effectif au-delà d'une certaine somme ; notre patente ressemble encore beaucoup à cet ancien droit de travailler que vendaient autrefois les rois de France : qu'on gagne peu ou beaucoup, il faut la payer suivant un tarif convenu. Nombre de professions lucratives dans les sciences, les arts, les fonctions publiques, les emplois industriels, au lieu d'être taxées dans la mesure des revenus qu'elles donnent, ne sont atteintes chez nous que par rapport aux loyers d'habitation, de telle sorte que le chef d'une famille nombreuse, d'autant plus pauvre qu'il est obligé d'avoir un vaste local, doit payer plus que le riche célibataire qui peut vivre à l'étroit. Je signale ces différences, non pour faire ici la critique de la fiscalité française, ce qui me conduirait fort loin, mais pour montrer combien est fausse l'assimilation qu'on a prétendu faire de l'*income-tax* avec nos impôts directs, et ce sera une légitime occasion de constater, à l'éternel honneur de l'Angleterre, que la réforme de ses institutions économiques a été *libérale* dans le sens le plus intelligent et le plus généreux du mot.

Un phénomène social des plus remarquables me paraît être l'influence qu'a exercée depuis trente ans la réforme économique sur cet ensemble de lois, d'idées, de sentiments, d'habitudes, qu'on appelle vaguement les mœurs d'un pays. À chaque parcelle de liberté tombant dans le domaine commun, on sentait davantage le côté faible des institutions basées, en Angleterre comme partout, sur des monopoles plus ou moins déguisés : on prenait à cœur de mettre autant que possible la législation en harmonie avec le principe nouveau. C'est dans cet esprit qu'on a opéré la conversion de certaines redevances d'origine féodale, la suppression des privilèges commerciaux de la compagnie des Indes, l'abolition de l'esclavage dans les colonies d'Amérique, et surtout la refonte des anciens règlemens sur le paupérisme. À partir de 1834, le chef d'industrie a cessé d'être intéressé à l'extension de la misère, parce qu'il ne lui a plus été possible de faire payer par le bureau des pauvres une partie du salaire de ses ouvriers.

André Cochut

Dès les premiers essais de la grande industrie, on avait pressenti qu'il y aurait chez les entrepreneurs une tendance à exagérer la durée du travail, non pas précisément pour obtenir une réduction indirecte sur le gain légitime de l'ouvrier, mais pour amoindrir la perte résultant du matériel employé. En effet, si un outillage d'un million donne 100,000 francs de bénéfice net avec des journées de douze heures, il est clair qu'on pourrait gagner le double avec un travail incessant. Quatre bills sur cette matière, édictés depuis le commencement du siècle, restèrent à l'état de lettre morte jusqu'au jour où les novateurs commencèrent à former dans les conseils du gouvernement un groupe de quelque consistance. À la suite d'une laborieuse enquête commencée en 1832, l'opinion publique réclama une réglementation efficace dans le régime des manufactures. Par respect pour le principe de la liberté, le parlement s'abstint d'intervenir d'une manière directe au profit des ouvriers adultes ; mais il considéra les enfants et même les femmes comme des mineurs à qui une protection était due. Par les actes de 1844 et 1847, l'admission des enfants dans les ateliers avant l'âge de huit ans fut défendue. Le travail effectif fut limité à six heures et demie par jour, sans compter deux heures d'école, pour les enfants de huit à treize ans, et à dix heures pour les adolescetns mâles de treize à dix-huit ans, comme pour les filles ou femmes de tout âge. Or, comme les hommes ont ordinairement besoin dans les grandes fabriques d'avoir pour auxiliaires des femmes et des enfants, on avait supposé qu'en réduisant le labeur de ceux-ci, les mâles adultes eux-mêmes ne seraient pas employés dans les ateliers plus de dix heures. Défense avait donc été faite de retenir trop longtemps les enfants et les femmes dans une même manufacture ; mais on n'avait pas prévu le cas où les créatures faibles seraient occupées en une seule journée dans plusieurs manufactures, et comme la loi est appliquée à la lettre en Angleterre, les maîtres prétendaient ne pas violer la loi en pratiquant le système des *relais*, c'est-à-dire qu'ils échangeaient leurs petits ouvriers, qui, passant d'un atelier à l'autre, faisaient parfois des journées doubles. Un tel abus criait justice ; le bill de 1850 y mit fin en précisant les heures pendant lesquelles femmes et enfants devraient être appliqués au travail. On pourvut à la stricte exécution de la loi au moyen d'inspecteurs qui ont pris leur mandat au sérieux, parce qu'ils sentent que l'autorité les soutient et que le public applaudit à leur zèle. Le but entrevu par les législateurs a été atteint sans préjudice pour les chefs d'industrie. Quoique le nombre des manufactures et usines ait augmenté considérablement depuis vingt-cinq ans, celui des enfants qui y sont employés est réduit de beaucoup[9]. Aux enquêtes de 1832 sur le sort des classes salariées remontent les tentatives énergiques et suivies pour constituer un système d'éducation populaire, ainsi que la série des règlements sanitaires qui ont fait à peu près disparaître ces cloaques insalubres, ces logements immondes, objets pour les étrangers d'une triste curiosité.

L'aristocratie britannique n'ayant pas pu défendre le monopole qui faisait sa force principale, l'abolition des autres monopoles ne devait plus être qu'une affaire de temps et d'opportunité. Cependant, deux ans après leur déroute, qui semblait définitive, les prohibitionistes étaient ralliés et prêts à livrer bataille à propos du privilège colonial. Avant 1842, le sucre de provenance étrangère était prohibé. Celui des colonies britanniques payait environ 62 centimes par kilo. L'importation ne dépassait pas alors 194,000 tonnes, ce qui correspondait au plus à une consommation de 6 kilos de sucre raffiné par tête. Un peu plus tard, en vertu des combinaisons de Robert Peel, on avait réduit le droit de moitié et permis l'introduction des sucres d'origine étrangère, mais avec une surtaxe d'un tiers. En 1848, lord John Russell, en lutte contre les tories, qui avaient les prohibitionistes pour arrière-garde, leur jeta comme un défi la proposition d'abolir définitivement le privilège des planteurs britanniques, en abaissant le droit sur les sucres à 25 centimes par kilogramme, sans aucune distinction d'origine. Par compensation, on restituait aux colons la faculté de chercher les marchés les plus lucratifs pour leurs produits, au lieu de les réserver pour la métropole. Les lamentations sur la ruine inévitable des colonies, les menaces même, retentirent suivant l'usage ; il y eut une telle indécision dans le parlement, que le ministère ne put recueillir qu'une majorité de quinze voix. Après dix années d'expérience, en 1858, l'importation s'élevait à 469 millions de kilogrammes, et la consommation par tête était plus que doublée. Ce qui est particulièrement remarquable, c'est qu'en dépit de la concurrence étrangère, les colonies sucrières ont augmenté leur commerce avec la métropole de 50 pour 100, indépendamment du trafic qu'elles ont pu faire avec les étrangers.

L'abandon du système colonial a déterminé le retrait des lois de navigation. Il n'y a pas de meilleure preuve de l'influence acquise par les *free traders* que l'abolition de ce fameux acte de Cromwell, vénéré si longtemps comme le palladium de la puissance britannique. La portée politique de cet acte avait été bien amoindrie par suite des altérations qu'il avait reçues après l'émancipation des États-Unis d'Amérique ; il en restait cependant toutes les combinaisons de police qu'on supposait propres à développer l'énergie des marins ou à protéger l'art des constructions navales : traités particuliers, droits différentiels entre les pavillons, défense d'employer les navires construits à l'extérieur, ou même de réparer les navires nationaux dans les ports étrangers, obligation de réserver le transport des produits coloniaux à la marine britannique, obligation d'importer par le cabotage et non par les canaux la plus grande partie des charbons brûlés à Londres. Depuis les temps d'Huskisson, la propagande libérale avait atténué peu à peu ces règlements dans la pratique : mais le principe et surtout le préjugé restaient debout, et quand le ministère proposa en 1849 de supprimer définitivement l'acte de Cromwell, il ne fut pas difficile aux adversaires de la loi de susciter les passions populaires et de mettre sur pied une véritable armée de matelots qui alla en phalange serrée porter à Westminster une de ces monstrueuses pétitions où les signatures se comptaient par myriades. La majorité parlementaire ne se laissa pas intimider par cette démonstration, et bien qu'on entende encore parfois les plaintes de quelques armateurs routiniers, la spéculation maritime, ainsi que la construction des navires, est plus active et plus florissante que jamais.

Après tant de mesures prises pour procurer au peuple l'abondance et le bon marché des vivres, on avisa au moyen de multiplier les logements et d'en abaisser le prix. L'Angleterre fournit peu de bois pour ; les bâtiments. Avant 1842, cet article était frappé d'un droit moins fiscal que prohibitif : il dépassait 50 pour 100 de la valeur réelle. Il a été successivement abaissé jusqu'à 10 pour 100, et si l'on conserve encore cette taxe, c'est comme une prime d'encouragement tendant à provoquer le reboisement du pays. Les briques, dont l'emploi est très considérable, supportaient un droit d'excisé de 7 à 12 fr. 50 cent, par mille, selon la grandeur.

En 1850, le trésor abandonna une douzaine de millions qui lui revenaient de ce chef. L'impôt sur les portes et fenêtres, invention de Pitt, que ses adversaires du continent lui ont prise, était ébranlé en Angleterre par de vives critiques : on lui reprochait son défaut de proportionnalité et sa fâcheuse influence sur le plan des constructions civiles ; mais il avait le mérite de rapporter 47 millions de francs. On en fit pourtant le sacrifice en établissant un droit fixe sur les locaux habités à raison de 3 fr. 50 cent, pour 100 sur les demeures particulières, et de 2 fr. 40 cent, pour 100 sur les maisons destinées au commerce ou au travail agricole, avec affranchissement complet pour les habitations d'un produit net inférieur à 500 francs. Cette compensation était bien insuffisante, puisqu'elle ne devait rendre au trésor que 15 millions par an. Aussi le parti tory essaya-t-il l'année suivante de faire abaisser à 250 francs la limite de l'exemption, par ces motifs que les maisons louées au-delà de 500 francs ne se trouvent guère que dans les villes ou dans les centres de production, et que, même dans la classe aisée, un grand nombre de familles n'étaient pas atteintes par l'impôt, en raison de la modicité des loyers et de l'instinct qui porte chacun à s'isoler avec les siens dans une maisonnette. Cette critique, quoique assez raisonnable, ne fut pas prise en considération, et on maintint le chiffre qui affranchissait en effet la généralité des citoyens, comme pour mieux montrer qu'il n'y avait pas à marchander pour améliorer le régime de la multitude.

### IV. — GLADSTONE.

Vers la fin de 1852, les tories avaient ressaisi le pouvoir, et des élections venaient d'être faites sous leur influence. Les partisans de la réforme économique avaient quelque raison de se défier du nouveau parlement : ils résolurent de sonder ses tendances, et l'un d'eux, M. Villiers, proposa de constater par un ordre du jour que des améliorations, évidentes avaient été accomplies grâce au libre échange, et qu'une politique conforme aux principes de la liberté commerciale était le plus sûr moyen de contribuer au bien-être des populations. L'épreuve fut décisive. Dans cette chambre, où le parti conservateur avait concentré ses forces, il se trouva 336 membres contre 256 pour approuver la motion de M. Villiers. Cette manifestation fait époque dans l'histoire du libre échange ; elle a mis le principe hors de cause, du moins pour l'Angleterre, et si l'on y dispute encore, c'est à propos des détails d'exécution et non plus sur la valeur intrinsèque du système. La responsabilité des hommes d'état semble allégée, et ils vont au but plus directement. Un plan assez ingénieux de M. Disraeli est repoussé, parce qu'on y soupçonne l'arrière-pensée d'amoindrir les innovations consenties par Robert Peel. Avec M. Gladstone, qui revient à l'échiquier, le public s'émeut, parce qu'on sent tout d'abord que la ferme raison du théoricien va être servie par la passion de l'artiste. Le ministre propose d'abolir l'excise sur le savon, impôt qui rapporte près de 30 millions de francs, mais impôt malfaisant qui condamne le peuple à la malpropreté. Il y a dans la perception des taxes concernant diverses transactions des formalités onéreuses pour les citoyens : il faut les modifier, dût-il en coûter au trésor une quinzaine de millions. Le tarif des douanes comporte encore des simplifications. Treize articles intéressant l'alimentation populaire (beurre, fromage, œufs, cacao, raisins, fruits, etc.) seront réduits de moitié ; cent trente-trois articles de détail peuvent être dégrevés, cent vingt-trois autres affranchis tout à fait. Des mesures sont prises en même temps pour atténuer Autant que possible les entraves et les ennuis occasionnés par tout régime douanier. Comment compensera-t-on ces nouveaux sacrifices ? C'est encore à la classe riche que M. Gladstone s'adresse en lui demandant d'abandonner l'une de ses principales immunités. Forcé d'établir, contrairement à ses principes, une taxe sur les successions, Pitt l'avait du moins limitée à l'héritage des valeurs mobiles. De cette manière il avait laissé intact le privilège des familles opulentes, qui se perpétue surtout par la transmission des propriétés réputées immeubles. M. Gladstone obtint que la taxe dont il s'agit fût étendue aux immeubles, avec l'espoir que son budget de recettes serait augmenté par là d'une cinquantaine de millions.

À chaque feuillet qu'on arrachait du vieux livre des privilèges, une certaine irritation parmi les hautes classes se faisait sentir. Comme palliatif, le ministre réformateur s'engagea à réduire graduellement l'*income-tax* jusqu'à son entière suppression en 1860. Il était sincère en faisant cette promesse, il avait pu croire qu'un accroissement de commerce et de consommation allait remettre à niveau les recettes et les dépenses ; mais bientôt les relations des puissances occidentales avec le tsar s'envenimèrent, et le cabinet britannique dut se préparer à une guerre qui allait s'engager dans des conditions exceptionnelles. Il fallait de l'argent promptement et beaucoup. Sous le poids de ce besoin, comme sous la pression d'un ressort, jaillit encore un problème d'économie sociale, celui des emprunts publics et des dettes permanentes. Dans quelles circonstances et dans quelle mesure convient-il qu'une génération rejette sur les âges futurs la responsabilité de ses propres actes ? Sans se rallier à l'utopie des amis de la paix, M. Gladstone croit que la guerre est une chose mauvaise, et qu'elle serait souvent évitée, si les citoyens savaient qu'ils vont être immédiatement appelés à contribuer pour solder tout ou partie des frais. Lorsqu'au contraire on hypothèque le travail des générations à venir pour désintéresser le présent, le mouvement des emprunts, l'effervescence de la spéculation, le bénéfice émietté parmi les classes les plus influentes y font l'effet d'une prime en faveur de la destruction des hommes. M. Gladstone compta assez sur le bon sens de ses concitoyens pour développer à la tribune la thèse que je résume, et il proposa de lever 400 millions de francs par des émissions de billets à court terme, par des accroissements d'impôts, et surtout par le doublement de cet *income-tax* dont il venait de promettre la suppression. Le parlement, il faut le rappeler à son honneur, se montra digne du ministre. Une cotisation exceptionnelle de 160 millions de francs fut votée par des hommes appartenant tous à la classe qui allait avoir à payer double l'impôt sur le revenu. Malheureusement la guerre se prolongea d'une manière imprévue. La génération actuelle, ayant payé sa dette, ne se fit plus scrupule d'inscrire une partie des frais au compte de l'avenir. On eut recours aux emprunts. Quoi qu'il en soit, le débat soulevé n'aura pas été sans profit pour l'éducation économique de l'Angleterre. L'abus des emprunts n'y est plus guère à craindre : il sera bien difficile d'y avoir recours sans une impérieuse nécessité de salut public.

Les innovations qui peuvent avoir pour effet d'amoindrir momentanément les ressources du trésor furent suspendues pendant la période de guerre. On s'appliqua avec d'autant plus de soin aux réformes qui n'intéressent pas d'une manière directe les finances de l'état. Cette tendance, de plus en plus caractérisée, consistait à introduire la liberté dans toutes les transactions, à affranchir les citoyens d'une prétendue tutelle qui, sous prétexte de les garantir contre les fraudes, détruit leur initiative et paralyse leur aptitude. En 1854, on prononça l'abolition des lois contre l'usure, très regrettées sans doute des usuriers, car elles les autorisaient à augmenter le prix de leurs services en proportion des périls du métier. On signalait depuis vingt ans les fâcheux effets de la loi sur les sociétés commerciales. Le code anglais n'avait d'abord admis que des sociétés privées (*private companies*), composées seulement de six personnes, toutes responsables et indéfiniment solidaires les unes des autres. Sous ce régime, les associations de capitaux n'étaient possibles qu'entre gens d'une opulence notoire, assez connus les uns des autres pour qu'on ne reculât pas devant les chances d'une pareille solidarité. On adoucit, vers 1826, les rigueurs de ce système en tolérant des sociétés à fonds réunis (*joint-stock companies*) dont les actionnaires peuvent être en nombre illimité, en restant néanmoins solidaires les uns des autres, de telle sorte que le porteur d'une seule action aurait pu être ruiné pour combler le déficit d'une entreprise, bien qu'il fût resté complètement étranger à la gestion. Il y avait pourtant un moyen d'échapper à cette terrible responsabilité : c'était de se faire autoriser spécialement, en vertu d'une charte royale ou d'un acte du parlement, à constituer une compagnie à peu près semblable à nos sociétés anonymes, où la perte de l'actionnaire ne peut jamais dépasser la valeur de sa mise ; mais ce moyen n'était pas à la portée de tout le monde, et l'espèce de procédure préliminaire pour obtenir la patente entraînait des dépenses telles qu'elles ne pouvaient être supportées que par de puissantes associations. Les chartes de ce genre n'étaient presque jamais accordées en matière de banque, afin de ne pas entamer le privilège de la banque d'Angleterre. Insistons encore sur ce détail qu'en Angleterre toutes les contestations entre associés devaient être déférées à un tribunal d'*équité*, c'est-à-dire à la cour de la chancellerie, tribunal où aboutissent une multitude d'affaires de toute sorte, quoique les juges y soient en très petit nombre, si bien que les procès y durent ordinairement plusieurs années, et deviennent si dispendieux qu'il y a folie à les entamer quand l'intérêt n'y est pas considérable.

Transformation économique de l'Angleterre.

On n'a pas manqué de vanter comme un acte de haute sagesse ces obstacles opposés à la multiplication des sociétés commerciales : c'était le frein pour brider les emportements de la spéculation, une garantie nécessaire au public contre les flibustiers de l'industrie. Que telle ait été l'intention à l'origine, il se peut ; quant aux résultats, c'est autre chose. Cette responsabilité sans limites à laquelle on ne pouvait échapper que par une faveur spéciale et toujours achetée au prix d'une avance considérable, cette juridiction laissant au sociétaire lésé si peu de chance de faire valoir son droit, tout cela semblait calculé pour déconcerter l'esprit d'association, et constituait dans la pratique une sorte de privilège au profit des capitalistes influents. L'Angleterre, après tout, n'était pas le seul pays où la loi sur les sociétés commerciales aurait été combinée de manière à empêcher que le groupement des petites économies ne fît concurrence aux gros coffres-forts. Un esprit tout nouveau préside aujourd'hui aux destinées du peuple anglais, et même au sein des classes supérieures on est devenu assez clairvoyant pour ne plus s'effrayer des progrès que pourrait faire la multitude et de la consistance qu'elle pourrait prendre sous le régime d'une franche liberté. Sauf le cas où il s'agirait de constituer un monopole ou d'aliéner quelque parcelle du domaine national, comme dans l'ouverture d'un chemin de fer ou la distribution du gaz, l'établissement d'une société commerciale est considéré comme une transaction ordinaire. Le gouvernement renonce à dicter la forme du contrat et laisse les citoyens à peu près libres de pondérer leurs intérêts comme ils l'entendent. En vertu de plusieurs bills édictés entre 1855 et 1858, la formation des sociétés par actions avec responsabilité limitée, c'est-à-dire analogues à nos sociétés anonymes, est devenue en quelque sorte le droit commun. Au lieu d'effaroucher l'actionnaire en lui imposant des obligations ruineuses, le gouvernement n'intervient plus que pour le rassurer, en prescrivant certaines formalités qui offrent des garanties de publicité et de contrôle, sans entraver la liberté des contractants. Au cas de contestations entre associés, on a augmenté les moyens d'obtenir justice en attribuant à un autre tribunal la compétence réservée jusqu'alors à la cour de chancellerie. Les anciennes compagnies ont été mises en demeure d'opérer leur transformation conformément aux principes de la loi nouvelle, et elles l'ont fait avec empressement. Si les sociétés commerciales ont pu se multiplier en Angleterre au milieu des obstacles et des embûches du régime précédent, il est à croire que le génie d'entreprise va se retremper encore dans une loi intelligente et sincère, et qu'on s'étonnera bientôt au spectacle des forces latentes qui vont surgir.

La réforme des sociétés de commerce n'a été appliquée aux banques que postérieurement et avec quelques restrictions, parce qu'il fallait tenir compte du monopole de la banque d'Angleterre. Si on se place pour le juger au point de vue de la théorie, le régime actuel paraît assez anomal. Toutefois le public ne s'en plaint pas. Les banques sont, comme on sait, très multipliées dans l'empire britannique et sous les formes les plus diverses. L'entente cordiale de la banque privilégiée avec les grands établissements privés qui l'entourent, la concurrence que se font toute sorte de comptoirs dans les provinces, où l'émission des billets n'est pas défendue, le système très libéral appliqué en Écosse, la facilité de circulation résultant de l'usage presque général des chèques, tout cela suffit à une ample distribution de crédit, et le public ne désire pas mieux pour le moment. Il arrive bien de temps en temps qu'une crise monétaire jette dans le pays l'alarme et la souffrance. On soupçonne alors que les banques y sont pour quelque chose. Les victimes gémissent, les pouvoirs s'émeuvent. On installe des commissions d'enquête ; on fait des plans de réforme. Comme après une bataille, les plaies des blessés se referment ; les morts sont vite oubliés. Les sommités du monde financier, n'ayant pas à se plaindre du régime en vigueur, affirment qu'il deviendra parfait avec quelques changements de détail. C'est ce qu'on a vu en 1857, et il en sera encore ainsi à chaque crise, jusqu'à ce que l'exercice du *free trade* ait mis en évidence les côtés faibles du système actuel. Alors une agitation pacifique s'organisera au sujet du crédit, et les banques britanniques seront modifiées conformément aux exigences d'une franche liberté commerciale.

Après une quarantaine d'années de controverses et d'expériences, si l'on prend pour point de départ la pétition des marchands de Londres, les idées s'étaient éclaircies, et les changements qui paraissaient au début n'intéresser que les ateliers et les comptoirs avaient pris la consistance d'un système politique. Qu'on relise l'admirable discours dans lequel M. Gladstone a développé le plan financier motivé par le traité de commerce avec la France. L'expédition de Chine, les dépenses pour les fortifications et la flotte, les diminutions de revenu que le traité de commerce doit infliger, vont déranger l'équilibre des budgets : le déficit prévu s'élèverait à 235 millions de francs, s'il ne devait pas être atténué par quelques recouvrements exceptionnels. Est-ce une raison pour suspendre les réformes commerciales ? Bien au contraire. Le ministre y voit un motif pour persévérer. Si le pays s'est tellement enrichi et fortifié qu'il supporte sans broncher les charges du passé et celles du présent, n'est-ce pas au judicieux affranchissement de l'industrie qu'il doit cela ? Le gouvernement français se montre disposé à négocier dans le sens de la liberté commerciale : c'est une rare et précieuse occasion qu'il faut saisir pour simplifier encore les tarifs anglais, pour en effacer, s'il est possible, les dernières traces du régime protecteur. L'exemple de la France fera sensation dans les autres pays, et déterminera un ébranlement favorable au principe destiné à transformer les relations de peuple à peuple. Il n'y a pas à dire d'ailleurs que l'Angleterre fausse elle-même ce principe en signant un traité de commerce exclusif : elle ne modifie point ses lois en vue d'un intérêt spécial, et si la France paraît avoir obtenu des avantages, toutes les autres nations sont admises à en profiter.

Pour qu'un ministre tienne un pareil langage au milieu d'une assemblée, il faut évidemment que le libre échange soit hors de cause comme doctrine : il n'y a plus de dissidence possible que dans l'application. On sent chez M. Gladstone la généreuse impatience d'achever l'œuvre de Robert Peel. Il propose d'abolir ou de réduire les droits d'entrée non-seulement sur les articles consignés dans le traité avec la France, mais encore sur un certain nombre de produits alimentaires dont il voudrait faciliter l'introduction dans les pauvres ménages. Après cette dernière simplification, le tarif anglais ne comporte plus que vingt-six articles principaux (sans compter quelques subdivisions) inscrits uniquement en vue du revenu qu'ils doivent fournir à l'état, et sans aucun égard pour les intérêts particuliers. Le couronnement de la réforme douanière, selon le ministre, c'est l'abolition du droit d'excisé sur le papier. Ce dernier article mérite une mention spéciale.

Avant les réformes décisives, vers 1837, la consommation du papier de toute sorte dépassait à peine 40 millions de kilogrammes, dont le trésor tirait environ 12 millions de francs. En 1859, on a perçu les droits sur 98,675,720 kilos, et le produit net a été de 31,461,600 francs. Ce prodigieux accroissement dans l'emploi du papier est un des plus sûrs indices du progrès social accompli. On y voit d'abord un effet de la multiplication des affaires, car il n'est pas une seule transaction qui ne donne lieu à quelques écritures. Il semble en second lieu que l'activité industrielle, au lieu d'atrophier les esprits, comme on est disposé à le croire, développe au suprême degré le besoin des renseignements, de l'étude, de la controverse, et même des délassements intellectuels. Par un phénomène politique très remarquable, si le besoin du papier imprimé s'est accru en Angleterre, c'est pour une clientèle toute nouvelle. Les beaux livres pour les lettrés, les journaux et les recueils adressés aux « classes gouvernantes, » comme disent nos voisins, ne sont peut-être pas beaucoup plus répandus qu'il y a trente ans ; mais depuis que la liberté commerciale a rendu l'émulation et l'espoir à tant d'esprits qui se laissaient croupir, il faut une multitude de petits livres à bon marché, de journaux à un penny. Le tirage quotidien de ces feuilles populaires est déjà évalué au double de celui des journaux de la société choisie, y compris le *Times*, qui répand à lui seul 50,000 exemplaires. La presse hebdomadaire distribue en outre chaque samedi un nombre incalculable de petits cahiers dans les ateliers, les fermes, les plus modestes ménages.

C'est que chacun, sentant instinctivement qu'il a chance de s'affranchir par un meilleur emploi de ses facultés, éprouve le besoin d'acquérir des connaissances, et c'est en lui donnant le nom d'*impôt sur les connaissances* qu'on a rendu antipathique la taxe sur le papier. Il arrive sans doute que des feuilles obscures servent de porte-voix à des récits malveillants, à des doctrines dont partout ailleurs la diffusion serait réputée dangereuse. On a le bon esprit de ne pas s'en effrayer en Angleterre : cela s'y perd dans le remuement général des idées, comme l'imprécation d'un homme en colère au milieu de la foule. L'opinion publique, jusque dans les hautes classes, ne répugne pas à ce franc parler démocratique. En 1858, le torysme, représenté devant les communes par M. Disraeli, alors ministre, est obligé d'adopter cette motion formulée par M. Milner Gibson : « la chambre est d'avis que le maintien du droit sur le papier, comme source de revenu, serait impolitique. » L'année dernière, M.

Gladstone fait entrer dans son grand projet l'abolition du droit sur le papier, et même l'affranchissement de l'obligation de timbrer les journaux[10], afin d'en faciliter encore davantage la diffusion. Pour accomplir en faveur du peuple ce sacrifice de 31 millions, sacrifice qui implique une aggravation de l'*income-tax*, il ne craint pas de s'adresser aux riches, sur qui l'*income-tax* pèse particulièrement. Tout le monde n'approuve pas cet excès de générosité. Ceux qui résistent feront-ils ressortir la multiplication anomale des petits journaux, le danger d'une propagande démagogique ? Ils s'en garderont bien : l'opinion publique ne leur ferait pas écho. Ils s'en tiennent à une opposition financière : ils font valoir l'inopportunité d'un dégrèvement considérable quand le trésor est menacé d'un déficit. Les conservateurs de la chambre haute sont ainsi excusés de maintenir l'impôt dont l'abolition a été prononcée par la chambre des communes ; mais le refus des lords n'est pour ainsi dire qu'une affaire de forme. Ce serait manquer aux précédents du torysme que d'adopter une réforme du premier coup. Nous allons voir, à une des sessions prochaines, M. Gladstone revenir à la charge, et il est probable que l'impôt sur les connaissances ne résistera pas au second choc. Quelle conclusion tirer de tout cela, si ce n'est que la réforme économique a si bien équilibré les forces sociales et si bien distribué les rôles utiles que les classes, quoique toujours diversifiées, en sont arrivées à ne plus se suspecter, à ne plus se craindre ? Heureuse Angleterre, où l'on ne connaît plus cette peur des révolutions, ce vague malaise des pays continentaux, semblable à ce qu'on éprouve au lendemain des grandes catastrophes, en voyant la tourmente du sol et l'affaissement des édifices !

Au point de vue du public consommateur, les changements introduits par M. Gladstone dans son budget de 1860 ont eu pour effet d'atténuer d'à peu près 80 millions de francs le fardeau des contributions indirectes. Quant aux moyens de compensation, ils sont assez vaguement indiqués. Le ministre sait par expérience que l'équilibre se rétablira infailliblement. La réforme à ses yeux est une œuvre de salut, et il est malséant de trop compter quand on rend un grand service. Une magnifique péroraison nous montre les rois des anciens temps, dans leurs jours de fête et de largesse, faisant jeter sur leur passage l'argent à pleines mains dans la foule. « C'était peut-être un intéressant spectacle, s'écrie l'orateur, mais un spectacle plus beau encore et plus digne de notre siècle est de voir un souverain s'aidant des lumières de son peuple réuni en parlement répandre parmi ses sujets des bienfaits, sous forme de lois sages et prudentes qui ne sapent en aucune façon les fondements du devoir, mais qui, en affranchissant l'industrie de ses chaînes, vont procurer de nouveaux stimulants et de nouvelles récompenses au travail. »

Un point sur lequel M. Gladstone insiste très judicieusement, c'est que les réformes commerciales auxquelles l'Angleterre doit sa pacification intérieure « n'ont cependant pas été accomplies au profit des masses populaires seulement, mais au profit de toutes les classes, au profit du trône et des institutions du pays. » Enfin le principe souverain auquel l'Angleterre conforme actuellement son économie intérieure, et souvent même sa politique internationale, semble se dégager du tâtonnement empirique et arriver à sa formule rationnelle dans ces derniers mots de M. Gladstone : « Vous allez répandre le bien-être dans le pays et sous la meilleure forme, car vous ne forgez pas pour les nommes des appuis mécaniques qui vous fassent faire à leur place ce qu'ils doivent faire par eux-mêmes ; mais vous étendez leurs ressources, vous donnez l'essor à leur aptitude, vous faites appel au sentiment de leur responsabilité, et vous n'affaiblissez pas celui d'une honorable indépendance. »

Je ne considère pas comme achevée la transformation économique de la société anglaise, mais elle a été poussée assez loin, les résultats sont assez satisfaisants, assez appréciés, pour qu'un mouvement rétrograde ne soit plus possible. À la place de l'ancien régime administratif, qui, sans couleur de direction et de protection, semait le champ de l'industrie de privilèges pour les uns, d'entraves pour les autres, s'est introduit avec l'évidence du succès un principe dont la tendance est de rendre à chacun le libre essor de ses aptitudes, la pleine propriété de son énergie industrielle : c'est là un fait tout nouveau, et j'oserai dire une révolution qui fera date dans l'histoire de l'humanité, car il n'est pas plus possible aux autres peuples de se refuser à la rénovation de leur système économique que de repousser l'usage des machines et des moteurs perfectionnés. De cet unisson économique, dont la génération actuelle verra, selon toute probabilité, l'établissement, résulteront des changements d'une telle importance dans le régime intérieur des sociétés comme dans les relations de pays à pays, qu'il faut réserver ces gros problèmes pour des études spéciales. J'insisterai seulement aujourd'hui sur quelques points.

Les faits ont suffisamment justifié, ce me semble, ce qui a été dit plus haut, que la réforme anglaise ne procède pas d'un système nettement arrêté dès le point de départ. L'excès du péril est devenu, comme il arrive souvent en politique, le salut de la société anglaise. Menacés par la misère des classes industrielles et à bout d'expédients, les continuateurs de Pitt accueillent l'idée d'une enquête : ce sera non pas une audience où chaque privilégié vient plaider pour l'abus dont il profite, mais une analyse approfondie du régime dont on se trouve mal. Cette investigation excite dans le public une curiosité sérieuse. À l'enquête officielle succède pendant des années une série d'études particulières. L'évidence de certaines idées forme une école, et l'école, après vingt ans, se trouve être un parti politique, un parti assez fort pour changer le vieux ressort du gouvernement en brisant le monopole des propriétaires du sol. À chaque changement, il y a soulagement parmi les pauvres, sécurité plus grande parmi les riches. Bref, on peut dire de la réforme économique qu'elle est une œuvre collective, commencée en tâtonnant, presque au hasard, par un petit groupe de citoyens, mais qui, pendant quarante ans d'une merveilleuse persévérance, a vu augmenter le nombre de ses collaborateurs à tel point que le peuple anglais s'y est associé tout entier. Pour lui, le principe qui s'est dégagé à la longue, celui de la plus grande liberté possible dans les transactions de toute espèce, intérieures et extérieures, tend à devenir comme un article de foi politique.

Voici une phrase que je lis dans un livre publié récemment à Londres pour expliquer le mécanisme des institutions anglaises : « Avant la réforme électorale de 1832, l'esprit de parti était enflammé à un degré que nous avons peine à concevoir, et que le bon sens public ne tolérerait pas actuellement. Dans beaucoup de villes, un whig et un tory ne se seraient pas assis à la même table, et dans les relations privées les femmes, les enfants, les parents d'un chef de famille attachés à l'un des deux grands partis refusaient aux familles d'un sentiment opposé les témoignages de la politesse la plus vulgaire. » Au contraire, le trait caractéristique du moment (les organes de la publicité britannique en font l'aveu), c'est l'effacement des anciennes couleurs, l'indolence du public anglais à l'endroit des réformes purement politiques. Cet apaisement, qui deviendrait un mal s'il devait aller jusqu'à l'indifférence chronique, quelle en est la cause ? Se figure-t-on qu'il n'y ait là qu'un phénomène de pondération constitutionnelle, que whigs et tories se soient calmés par la seule raison qu'un parti a ravi à l'autre son influence ? — Dans le système des relations extérieures, le changement du caractère britannique n'est pas moins remarquable. Cet âpre désir d'acquisition et d'agrandissement, qui a chez tout Anglais la force d'un instinct, ne s'est pas amoindri ; mais les influences nouvelles qui dominent à l'intérieur ont modifié à l'égard des étrangers les points de vue et les moyens d'action, et l'anathème sur la perfide Albion, qui a eu sa raison d'être pour nos pères, n'est plus aujourd'hui qu'une manière de plaisanterie.

Un autre contraste est plus frappant encore. Nous avons vu quelles étaient les dispositions des classes populaires après la paix de 1815 : la peur se mit parmi les classes riches, peur assez légitime lorsqu'on voyait les ouvriers dresser les cadres d'une innombrable armée, acheter des fusils et forger des piques. On pressait alors le gouvernement d'aviser aux mesures répressives : suspension de la liberté de la presse, du droit de réunion, du droit de posséder des armes. Mécontents de ce qu'ils appelaient l'inertie du pouvoir, les nobles et les *gentlemen* des comtés du nord et de l'Écosse avaient pris l'initiative d'une confédération défensive, espèce de milice armée. Supposez que le gouvernement, d'accord avec les classes supérieures, s'en fût tenu, à un système de résistance ; il en eût été de la crise comme de la plaie trop fortement comprimée qui s'enflamme. De ce qui n'était qu'une émeute de gens affamés serait sorti un vrai parti politique avec ses chefs et son programme. L'antagonisme des classes, quand il menace de dégénérer en guerre civile, jette dans les sociétés tant d'alarmes et de misères qu'on y fait bon marché de la loi pour en finir au plus tôt. Il se serait formé sous un nom quelconque une espèce de dictature, et qui sait ce que serait devenue cette libre constitution dont tout Anglais fait son plus noble amour ? Les choses sont bien différentes aujourd'hui. Au lieu de s'effrayer de la presse, les hautes classes sont disposées, comme on vient de le voir, à favoriser tout ce qui est publicité et mouvement d'idées pour le peuple[11]. Les fils de ces *gentlemen* qui

Transformation économique de l'Angleterre.

s'organisaient militairement, il y a quarante ans, pour tenir tête aux ouvriers, en sont à proposer des souscriptions pour fournir des armes aux ouvriers. Vers la fin de l'année dernière, un membre important du parlement, M. Lindsay, avait jeté les bases d'une association nationale dont les membres se seraient engagés à verser chaque semaine une cotisation variant de 80 centimes à 2 francs 50 centimes. Les sommes ainsi recueillies auraient servi à donner au citoyen pauvre un équipement de volontaire, une carabine rayée qui serait devenue sa propriété, et de plus un secours hebdomadaire en cas de maladie, une petite pension de retraite à l'âge de soixante ans, et même un capital de 2,500 fr. pour le plus proche héritier du volontaire décédé. L'obstacle à ce projet n'est pas venu des hautes classes. Le gouvernement a fait sentir avec raison qu'il ne convenait pas d'introduire des catégories dans la milice patriotique en formant des légions stipendiées, et que tout citoyen était égal devant le péril de la patrie. Les ouvriers eux-mêmes ont manifesté une certaine répugnance à recevoir leur équipement de la générosité publique. Ceux qui le désirent et le peuvent achètent leurs carabines, et ils sont bien accueillis quand ils se présentent, surtout peut-être dans les corps où les influences aristocratiques dominent.

La conclusion à tirer de là est que la crainte des révolutions intérieures est complètement dissipée en Angleterre. C'est là un phénomène spécial, unique peut-être dans l'histoire, à peine croyable, je le sens bien, pour les gens qui n'ont pas l'habitude de l'analyse économique. Aux yeux de ceux qui sont aptes à discerner les effets des lois sur le travail, source de toute prospérité, il n'y a plus aucun sujet d'étonnement : les faits confirment la théorie. Il nous reste au surplus un bon moyen de faire comprendre à tous comment l'Angleterre est parvenue à une sécurité intérieure et à un merveilleux enrichissement sous l'influence de la liberté économique : c'est de mettre en contraste un autre grand pays qui a suivi dans son économie administrative des tendances presque toujours opposées. Ce pays, c'est la France.

André Cochut

## Notes

1. Les banques provinciales remboursaient, leurs propres billets avec des billets de la banque d'Angleterre, qui ont perdu pendant cette période de 8 à 25 pour 100.

2. Ces détails sont extraits en grande partie de l'Annual Register.

3. Thomas Tooke, mort en 1858 à l'âge de quatre-vingt-cinq ans, a fourni une série de publications sur les matières commerciales réunies en six volumes sous ce titre : History of Prices, 1792-1856. C'est une espèce d'encyclopédie commerciale expliquant les variations survenues dans les prix des marchandises depuis les dernières années du XVIIIe siècle. Ce livre fait autorité en Angleterre, et c'est assurément celui que j'ai consulté avec le plus de fruit pour le présent travail. La dernière série, entreprise par l'auteur dans son extrême vieillesse, n'a pu être achevée qu'avec la dévouée et judicieuse collaboration de M. William Newmarch. — Thomas Tooke, devenu l'un des négociants considérables de la Cité, et longtemps député-gouverneur de la banque d'Angleterre, a coopéré avec le même zèle à la création des docks et des chemins de fer et à la fondation des établissements scientifiques consacrés principalement aux études qui intéressent le gouvernement des sociétés. Pour célébrer sa mémoire d'une manière digne de ses services, on a fondé par souscription au King's College une chaire d'économie politique à laquelle son nom restera attaché.

4. Il y aurait une sorte d'ingratitude à ne pas rappeler qu'au même moment lord John Russell introduisait sa fameuse motion qui a déterminé douze ans plus tard la grande réforme électorale, et que lord Brougham faisait prendre en considération un plan tendant à créer l'enseignement populaire.

5. On aurait tort d'attribuer d'une manière absolue au récent traité, de commerce cette crise passagère que les journaux anglais appelaient, il y a deux ou trois mois, la grande détresse de Coventry. Le premier mouvement des manufacturiers de cette ville ayant été de réduire les salaires de leurs ouvriers, ceux-ci se mirent en grève : au moment où ils étaient à bout de ressources, un hiver excessif les surprit, et ils eurent cruellement à souffrir ; mais au

premier appel fait à la bienfaisance publique les secours arrivèrent abondamment, et il y a déjà plus d'un mois que la municipalité de Coventry a fait savoir par la voie de la presse que la crise tirait à sa fin, et que les subventions envoyées si généreusement n'étaient déjà plus nécessaires.

6. On financial Reforme, volume publié en février 1830 et réimprimé quatre ou cinq fois en peu de temps.

7. Voyez la remarquable étude de M. Louis Reybaud sur Cobden et l'École de Manchester dans la Revue du 15 mai 1860.

8. Le chiffre de 100 livres ou 2,500 francs a été introduit en 1852. À l'origine du renouvellement de l'income-tax par Robert Peel, le minimum imposable était 150 livres ou 3,750 francs.

9. On en peut juger par un document qui date déjà de dix ans. En 1835, on comptait 115,782 fabriques et 298,917 en 1850. Cependant à la première époque il y avait dans ces grands ateliers 56,003 enfants au-dessous de treize ans et seulement 40,775 en 1850. L'amélioration doit être beaucoup plus marquée actuellement.

10. Dans l'état actuel de la législation anglaise, le timbre des journaux sert, comme chez nous, d'affranchissement postal. Pour épargner aux journaux l'ennui de faire apposer le timbre à l'avance sur les feuilles, M. Gladstone proposait d'appliquer aux publications périodiques qui voudraient se servir de la poste un seul droit de transport au poids, comme pour les livres imprimés.

11. Il résulte d'une statistique récemment publiée en Angleterre, News papers Press Directory for 1861, que le nombre des journaux et recueils dans le royaume britannique était de 267 en 1821, et qu'il est actuellement de 1102, dont 819 pour l'Angleterre et le pays de Galles. Encore en 1850 on en comptait moitié moins qu'en 1861.

André Cochut

# Le Régime économique de la France depuis 1789 ; la Révolution et l'Empire

La tâche à laquelle je suis amené par l'ordre de ces études est difficile à tous égards. J'entreprends de caractériser le régime économique suivi chez nous depuis la fin du siècle précédent jusque l'expérience commencée l'année dernière. Il faut dire sous quelles influences, par quels entraînements ce régime s'est développé, quels en ont été les effets, pourquoi il a fait son temps, et comment une transformation prudemment conduite deviendra profitable ; même à ceux qui résistent. Ce qui m'effraie dans ce programme, ce n'est pas la nécessité de recueillir, d'élucider une multitude de faits administratifs oubliés ou inaperçus : c'est qu'en montrant comment sous l'illusion du système protecteur, on en est venu à constituer des privilèges, des monopoles, une réglementation compressive, comment ont été commises tant d'erreurs ou de fautes contentait en germes, nos malheurs politiques, j'aurai l'air d'appeler la réprobation sur des hommes d'état de toute couleur, sur des citoyens de toute classe, dont le plus grand tort a été d'accepter sans examen les préjugés de leur temps en matière d'économie sociale, et qui ont souvent fait ou- toléré le mal avec la naïve conviction de bien faire.

Fallait-il s'arrêter devant cette considération et supprimer quelques vérités utiles par ménagement pour des amours-propres individuels ou pour des susceptibilités de partis qui peuvent se rattacher à des traditions respectables ? Les personnes consultées à cette occasion ont répondu par la négative, et voilà pourquoi l'on va exposer, sans amertume comme sans réticence, la série des faits économiques, en montrant la relation qui les unit avec la politique proprement dite, et l'influence qu'ils ont eue sur les destinées de notre pays.

### I. — RÉVOLUTION.

Deux grands génies rayonnaient tour à tour sur l'assemblée qui immortalisa la date de 1789 : Rousseau pour la philosophie politique, et en matière d'économie industrielle Turgot. Ce ministre ami du peuple, comme l'appelait Louis XVI, était mort en 1781 : il n'avait laissé aucun écrit dogmatique ; mais la tradition de ses idées était vivante, et l'un des constituants les plus illustres, Condorcet, venait d'exposer sa vie et ses doctrines d'après des souvenirs personnels et sur le ton de l'admiration respectueuse. On y lisait (je copie en abrégeant) que « les règlements combinés sous le prétexte d'encourager l'industrie nationale ne font qu'en déranger le cours naturel, que tout privilège pour acheter, pour vendre, pour manufacturer, loin d'animer l'industrie, la change en esprit d'intrigue dans les privilégiés, et l'étouffe dans les autres, en un mot que toutes ces précautions de la timidité et de l'ignorance, toutes ces lois nées d'un esprit de machiavélisme qui s'est introduit dans la législation du commerce comme dans les entreprises de la politique, produisent des gênes, des vexations, des dépenses inutiles, pour aboutir à des résultats opposés à ceux qui ont été annoncés. ». Les nouveaux législateurs partagèrent en général cette conviction, et ils étaient disposés à la faire prévaloir ; s'ils ne la poussèrent pas toujours jusqu'au radicalisme, c'est que leur ferveur pour les réformes fut plus d'une fois altérée, sans qu'ils s'en doutassent, par la subtile influence des intérêts individuels. Cette influence se fit particulièrement sentir en matière de douanes.

Les principes qui devaient présider à l'établissement des tarifs avaient d'abord été résumés ainsi : exemption totale à l'entrée des aliments ordinaires et des matières brutes à l'usage des manufactures, — droits modérés sur les matières utiles et toujours croissants à mesure que l'utilité des objets s'affaiblit et qu'on arrive au luxe, — franchise presque générale à la sortie, avec la réserve d'établir, selon l'opportunité, des taxes fiscales pour exploiter les besoins de l'étranger. Toutefois, sous la pression d'un comité très actif qui s'intitula *députation des manufactures*, il fut décidé qu'on n'affronterait pas les périls de la concurrence absolue, et qu'on maintiendrait en faveur des fabriques nationales certains droits protecteurs pouvant aller jusqu'à la prohibition. Les bons instincts de l'assemblée firent heureusement contre-poids aux efforts de l'intérêt particulier, et le tarif de 1791 resta en définitive beaucoup plus libéral que le programme d'où il découlait. À l'importation, il y avait affranchissement complet pour les grains de toute sorte, les bois, le bétail, les peaux, les filasses, la laine et le coton brut, la fonte de fer et le cuivre non ouvré. Les denrées coloniales, les vins et les liqueurs furent rangés dans la catégorie des objets de luxe. On ne reconnut pas sans doute le besoin de protéger notre métallurgie, très supérieure alors à celle des Anglais. Les fers en barres ne furent taxés qu'à raison de 2 francs les 100 kilogrammes, les aciers à 3 francs, les machines et outils à 36 francs. Quant aux tissus, les prix semblent avoir été évalués de manière à offrir une protection du quart de la valeur vénale. Les prohibitions prononcées furent en si petit nombre et de si faible importance qu'elles ne méritent pas d'être signalées. Les taxes et les entraves à la sortie trahissent la crainte de fournir aux étrangers des moyens de concurrence.

Quant au régime de l'industrie à l'intérieur, l'assemblée constituante comprenait largement le principe de liberté, et elle a fait peu de sacrifices aux préjugés. Je ne sais si l'on pourrait trouver dans l'histoire quelque autre exemple d'un changement aussi soudain, aussi radical dans la vie d'un peuple. Les provinces de l'ancienne France étaient isolées commercialement et séparées les unes des autres autant que de l'étranger. Une fiscalité complexe et oppressive pesait sur toutes les transactions. Chaque métier avait ses cadres qui ne s'élargissaient pas, ses règlements qui ne fléchissaient jamais. Nul ne conservait le complet usage de son activité, de son intelligence. En moins de six mois (d'octobre 1790 à mars 1791) et en vertu de cinq ou six lois, chacun rentre en possession de soi-même. Les droits de traite à l'intérieur, les péages, les octrois sont abolis. Le remplacement des taxes et redevances de toute nature par la seule contribution foncière fait disparaître une foule d'impôts malfaisants. La suppression des privilèges industriels, des corporations d'artisans et de marchands est proclamée en des termes absolus qui font tomber toutes les entraves : à l'avenir, ni apprentissage forcé, ni maîtrise à acheter, ni obstacle dans le choix d'une profession, ni servitude réglementaire dans la pratique. Cette restitution de la liberté, remarquons-le bien, n'intéresse pas seulement les gens de boutique et d'atelier ; elle va bien au-delà : elle implique le droit de former à volonté des compagnies industrielles, d'ériger des banques, de négocier en grand sans l'intermédiaire des agents officiels, de faire sans entraves le commerce maritime, de pratiquer à volonté tous les genres de spéculation monopolisés autrefois.

Le Régime économique de la France depuis 1789...

Cet affranchissement presque absolu de l'industrie coïncidait avec l'abolition des servitudes rurales, avec cette vente des biens nationaux qui avait dans la pratique la portée d'une loi agraire. L'activité nationale se précipita par toutes les issues qu'on lui ouvrait avec une force, d'expansion extraordinaire. Les symptômes de la prospérité commerciale se manifestèrent instantanément. Le chiffre des échanges avec l'étranger dépassa en 1792 celui des années les plus favorables. Chacun voulait exercer ses aptitudes dans la profession de son choix. Plusieurs grandes banques commencèrent à émettre des papiers de crédit fort bien accueillis par le public. À la Bourse de Paris, il se faisait par jour pour plus de 40 millions d'affaires. Au commencement de 1793, je trouve 138 agents de change pour Paris, 117 commissaires-priseurs, 491 avoués auprès des divers tribunaux. La liberté de la presse, de l'enseignement et des théâtres donna un vif essor à toutes les professions qui se rattachent à la publicité, notamment à l'imprimerie. Nombre de gens autrefois déclassés cherchaient à travailler et trouvaient à vivre.

Malheureusement l'expérience de la liberté, à peine commencée, fut violemment suspendue. Le progrès économique exige du calme, et l'on entrait dans une période de convulsions et de déchirements. Il n'y aura plus bientôt qu'une affaire pour la grande majorité des citoyens : la défense de la révolution contre les ennemis de l'intérieur et du dehors, à quelque prix que ce soit et par tous les moyens que peut suggérer l'énergie désespérée. On court au club, aux arsenaux patriotiques, dans les provinces insurgées ; aux frontières, sans s'inquiéter si le champ va rester en friche, l'atelier désert, le professeur sans auditoire. La convention lance ses décrets comme on met le feu au canon, sans songer aux choses utiles qu'on risque d'abattre, mais en vue du mal qu'on peut faire à l'ennemi. En novembre 1792, elle interdit l'émission des billets payables à vue et au porteur, au risque de tuer les banques naissantes, parce qu'elle y voit une concurrence pour les assignats dont elle a besoin. Elle décrète les réquisitions et le maximum sans s'inquiéter de tuer le commerce, parce qu'elle ne veut pas que les armées soient paralysées, ni que le peuple, affamé systématiquement, maudisse la révolution. Si elle improvise un acte de navigation calqué sur celui de Cromwell, si elle empêche l'exportation des grains, si elle frappe de prohibition les produits anglais, ce n'est pas qu'elle méconnaisse le principe de la liberté des échanges les mesures qu'elle prend sont, à ce qu'il lui semble, des manœuvres de guerre, impérieusement commandées par les besoins de la défense. Après la victoire, s'il est possible, on reviendra à la saine économie de l'assemblée constituante.

Il y avait une autre arme de guerre bien plus dangereuse encore. On peut dire des assignats qu'ils ont en même temps sauvé et perdu la révolution ils ont sauvé le principe de 89 en lui fournissant le moyen de se défendre sur les champs de bataille ; ils ont perdu la république, en l'empêchant de se constituer d'une manière tolérable. Le comité, issu de la convention donna l'étrange spectacle d'un gouvernement qui, avec quatorze armées et plusieurs escadres à pourvoir, tous les services administratifs à créer, des bandes d'affamés à assouvir, était littéralement sans budget et sans finances. Sauf les douanes, qui donnaient environ 8 millions, il n'y avait plus de contributions indirectes. L'impôt direct, levé suivant les rôles de l'assemblée constituante, aurait dû fournir 378 millions ; mais la perception en était très irrégulière, et les contribuables étaient d'ailleurs admis à se libérer avec des assignats au pair. Or, en pleine terreur et malgré le péril qu'il y avait à être signalé comme dépréciateur de la monnaie nationale, ces papiers étaient déjà côtés, dans le commerce avec une perte qui variait de 50 à 75 pour 100. Bien des financiers qui se croyaient habiles conseillaient naïvement au comité de salut public de ne plus accepter les assignats qu'au cours du jour ; mais les Cambon et les Robert Lindet savaient bien que le papier républicain n'était préservé d'un avilissement complet que par la faculté qu'il conservait de, procurer un dégrèvement des trois quarts sur l'impôt. En précipitant la monétisation de l'assignat, ils se seraient privés de leur unique ressource. À chaque besoin d'argent, on faisait courir la planche sous la presse ; on augmentait seulement le tirage en proportion de la baisse, afin d'obtenir la somme voulue. Grâce à ce procédé, les émissions présentaient un total de 45 milliards 579 millions en mars 1796, époque où les assignats furent démonétisés et remplacés par les mandats territoriaux, qui ne valaient guère mieux. L'immensité de cette fabrication, qui n'était d'ailleurs un mystère pour personne, devient en quelque sorte l'excuse de ceux qui l'ont pratiquée. Il sautait aux yeux des plus ignorants qu'une dette de 46 milliards n'était pas garantie par les biens nationaux disponibles, et qu'elle ne serait plus que très incomplètement remboursée. On s'attendait, en s'y résignant, à un sauve-qui-peut financier dans lequel il y aurait nécessairement des victimes. La perte d'ailleurs était beaucoup moins forte qu'on aurait pu le supposer d'après de si gros chiffres elle s'était réduite et disséminée par parcelles sur toutes les têtes par l'effet des dépréciations successives, et tel qui aurait reçu dans les derniers mois 100 francs en papier n'aurait perdu en définitive que 4 ou 5 sous au jour de la démonétisation.

Cependant la circulation monétaire, comme celle du sang dans le corps humain, ne saurait être troublée impunément. Bien que le patriotisme eût amnistié l'usage et même l'abus des assignats, il n'en restait pas moins dans la pratique de chaque jour des embarras et des souffrances sans nombre. Lorsque fut établi le directoire, un papier complètement discrédité était l'unique ressort de l'administration, l'unique instrument des échanges. En 1795, le papier ne conservant même plus la centième partie de sa valeur nominale, on décréta qu'une certaine fraction de l'impôt foncier serait perçue en nature. Pour chaque franc d'impôt, on devait fournir dix livres de blé. Voilà donc le gouvernement devenu marchand de grains, et ayant à placer chaque année environ 16 millions d'hectolitres. Quant aux douanes, non moins utiles, disait-on, pour empêcher l'introduction des émigrés que celle des marchandises proscrites, on exigeait des espèces : la petite protection douanière assurée par le tarif de 1790 aurait été en effet bien dérisoire, si on avait reçu pour le paiement des taxes les assignats au pair. L'emprunt forcé auquel on avait eu recours pouvait être soldé, au choix du débiteur, en argent, en papiers au cours de la Bourse, en grains, en métaux, en marchandises utiles à l'armée. De temps en temps, on annonçait des ventes de biens confisqués, payables en mandats territoriaux, et le contrecoup des enchères imprimait aux divers papiers de brusques oscillations. Un moment vint où, l'assignat ne comptant plus, l'argent manqua tout à fait. La rente 5 pour 100 tomba à moins de 7 francs en espèces. Entre particuliers, 25 pour 100 était le taux ordinaire de l'intérêt : les engagements du mont-de-piété se faisaient sur le taux de 3 pour 100 par mois. Dans le commerce, l'escompte du bon papier à courte échéance se faisait aussi par mois, et variait de 1 1/2 à 3 pour 100 : même à ce prix, les petits boutiquiers ne pouvaient escompter que sur nantissement de marchandises, ce qui avait donné lieu à un genre de banque usuraire dont on trouve les annonces dans les *Petites Affiches*.

Malgré tout ce désordre, on aurait tort de croire que la période comprise entre 1793 et 1799 ait été stérile et perdue pour le progrès industriel. Cette erreur a été celle des hommes d'état de l'étranger, et elle a faussé leurs appréciations politiques à notre égard. Ils voyaient un pays où toutes les sources de la finance semblaient taries, où étaient désorganisées les spéculations avec lesquelles le capital se forme en temps ordinaire ; ils en concluaient que ce pays courait à sa ruine, et qu'on allait avoir raison d'un peuple mourant d'inanition. Ils se trompaient. On ne faisait peut-être pas d'affaires en France dans le sens commercial du mot, on ne gagnait pas d'argent ; mais on travaillait, on produisait, on inventait. Le patriotisme, sans qu'il s'en doutât et sans que l'Europe s'en aperçût, faisait des prodiges industriels.

Toutes les usines métallurgiques de l'ancienne France, toutes les poudreries, toutes les tanneries auraient été bien insuffisantes quand retentit le cri de guerre. Le comité de salut public fait appel aux dévouements, et chacun se met à l'œuvre, depuis l'académicien illustre jusqu'à l'homme de peine. Les uns donnent des leçons publiques, dressent des plans, agencent des machines ; les autres forgent le fer ou tournent la roue. Nos raffineries de salpêtre produisaient à peine 500,000 kilogrammes par année : on simplifie les procédés et on en fournit 6 millions de kilogrammes en neuf mois. La monarchie tombée n'avait que six fonderies pour les canons de fer ou de bronze ; on en improvise trente qui livrent annuellement 20,000 pièces. Il n'existait qu'une manufacture d'armes blanches, on en crée vingt de plus. La fabrication des carabines, inconnue chez nous, y est naturalisée. Des fabriques de fusils sont installées dans plusieurs départements, et celle de Paris donne à elle seule 140,000 fusils par année, c'est-à-dire plus que toutes les anciennes fabriques à la fois. On invente pour le service des armées la télégraphie et les aérostats. Les arts qui ont pour objet la fabrication des fers, des aciers, des cuirs, du goudron, sont renouvelés par les théories les plus savantes et les plus fécondes. Le jet lumineux du génie tombe sur la foule comme le rayon du soleil qui éclaire tout le monde. Les cours révolutionnaires où l'on enseignait les procédés expéditifs pour la fabrication de la poudre, en invitant chacun à s'y exercer, contribuaient à vulgariser les notions de chimie, et quand le patriote, les manches retroussées, s'en allait donner le coup de main dans l'atelier civique, ne faisait-il donc pas pour l'avenir son apprentissage industriel ?

L'enthousiasme de la liberté était le grand ressort, mais non pas le seul. On croyait naïvement à une période de prospérité commerciale après la guerre, et on s'y préparait en multipliant les institutions utiles. Les ministères personnels avaient été supprimés, et ils étaient remplacés par des commissions spéciales. Celle qui présidait à l'agriculture et à l'industrie comprenait une réunion incomparable d'hommes illustres : Berthollet, Gaspard Monge, Guyton-Morveau, Périer, Vandermonde, Pierre Molard, Tessier, Parmentier, d'autres encore, tous dévoués et désintéressés jusqu'à l'héroïsme. C'est à cette époque, ne l'oublions pas, que furent créés coup sur coup le Conservatoire des Arts et Métiers, l'École polytechnique, le Bureau des longitudes, les expositions de l'industrie, et ce merveilleux système métrique qui est déjà presque devenu l'instrument du commerce universel. On avait mis à l'étude un système complet de navigation intérieure, et le plan, dressé sur la plus vaste échelle par l'ingénieur Maragon, député de l'Aude, admettait l'ouverture de cent canaux et la restitution de plusieurs rivières au commerce national.

L'importance des travaux et des études minéralogiques était profondément sentie. Attendre les gens désireux de s'instruire, cela aurait été trop long. On était pressé, on courut au-devant d'eux. Un corps d'officiers des mines fut créé, avec mission de parcourir les départements, d'y répandre l'instruction, d'en signaler les ressources. Ils donnaient des leçons orales en hiver, dirigeaient des explorations pendant l'été, avisaient à fonder des cabinets d'échantillons, des laboratoires, de petites bibliothèques spéciales. On devait se concerter pour produire une description minéralogique de la France. Pour centraliser les renseignements utiles, on fonda le *Journal des Mines*, qu'on envoyait gratuitement aux savants français, aux étrangers, aux exploiteurs des mines qui en faisaient la demande. Écoutez en quels termes le comité de salut public annonce cette publication : « La liberté prête de nouvelles forces comme de nouvelles vertus aux peuples qui combattent pour elle. À sa voix, le salpêtre est sorti de nos souterrains. Cette voix puissante va retentir jusque dans les entrailles de la terre. Les républicains y trouveront ce que la politique des autres peuples leur refuse : du fer et de la houille. Voilà surtout ce qu'exigent les circonstances. Laissons les peuples amollis par la servitude donner le nom de précieux aux métaux brillants et rares : ce qui est précieux pour nous, c'est ce qui sert à nous défendre. »

Les idées de spéculation, d'accaparement personnel, semblaient effacées des esprits, et quand le pouvoir signale une entreprise qui peut devenir lucrative, c'est au sentiment patriotique qu'il s'adresse. Par exemple, à l'occasion des mines d'Alais, qui valent tant de millions aujourd'hui, le gouvernement invite les hommes industrieux à ne pas négliger ce trésor ; il en facilitera autant que possible l'exploitation. Quand une compagnie se forme, ce n'est pas par l'amorce des gros dividendes qu'on attire l'actionnaire : on lui parle de ce qu'il doit à la patrie. Un charbonnage du Pas-de-Calais, exploité pendant plusieurs années avec profit, avait été fondé en 1794 par actions de 500 livres, subdivisées en très petites coupures. Suivant le *Journal des Mines*, « les citoyens qui n'avaient pas assez de fortune pour offrir à la patrie le montant d'une action se sont cotisés, et un plus grand nombre d'autres, n'ayant que leurs bras à offrir, s'empressent d'y contribuer par leur travail. »

Ainsi peut être expliqué ce phénomène sans pareil d'une époque où l'on produisait beaucoup, bien que le travail s'exécutât au rebours de toutes les lois économiques. C'était la force désordonnée du fiévreux : l'accès, en se prolongeant, aurait tué le malade. À mesure que le calme revint, les embarras se multiplièrent ; le gouvernement directorial en fut écrasé. Après le discrédit des divers papiers, il resta littéralement sans ressources pour les services les plus essentiels. Ses agents avaient à lutter contre des difficultés qui les jetaient bientôt dans le découragement, sinon dans une sorte d'exaspération. Les employés des ministères restèrent pendant dix mois sans toucher de traitement, Bernadotte, devenu roi de Suède, se plaisait à raconter qu'étant ministre de la guerre, et poussé à bout par les plaintes légitimes de ses compagnons d'armes, il était entré un jour le sabre à la main chez son collègue des finances pour lui demander de l'argent : il trouva celui-ci gémissant devant le bilan de ses caisses vides. Pour l'entretien des armées, il y eut nécessité absolue de recourir au système des fournitures générales, et cela fit surgir une caste d'agioteurs effrontés. Le commerce proprement dit n'était pas sans quelque activité : il la devait à un reste de liberté, précieux héritage de la grande assemblée constituante ; mais le trouble dans la circulation, le passage périlleux du papier-monnaie à la monnaie métallique, les fournitures d'armées, l'accaparement des biens confisqués, donnaient lieu à toute sorte d'opérations suspectes, où la rouerie avait beau jeu contre la faiblesse et l'ignorance. Ainsi, tandis qu'une classe d'hommes soudainement gorgés de richesses étalait ce luxe provocateur et cette démoralisation qui ont déshonoré l'époque, la détresse et l'irritation jalouse de la multitude ouvraient carrière aux factions politiques. Le directoire étant complètement discrédité, la conception qui se forma dans les esprits fut celle d'une dictature momentanée, non pas au profit de l'ancien régime, mais destinée au contraire à vivifier le régime issu de la révolution. Les fils de cinq ou six trames, quoique de couleurs bien différentes, se croisèrent à cet effet. On sait ce qui est arrivé.

## II. — CONSULAT.

Le 20 brumaire an VIII, au lendemain du jour où le général Bonaparte prit possession du pouvoir, il n'y avait dans les caisses du trésor public que 137,000 fr. en numéraire restant d'une somme de 300,000 fr. empruntés la veille. La première urgence était de raviver le nerf du gouvernement, d'improviser quelque moyen de recettes. Le premier consul s'empressa d'appeler à lui les hommes qui conservaient les traditions de l'ancienne fiscalité, Dufresne-Saint-Léon, Gaudin, Mollien, Barbé-Marbois : c'étaient des commis honnêtes et intelligents plutôt que des hommes politiques, et leurs sympathies appartenaient au régime sous lequel leur éducation administrative s'était faite. Renoncer aux papiers de circulation, qui étaient d'ailleurs complètement discrédités, et les remplacer par un papier d'état présentant la solidité d'un billet commercial et devenant par cela même susceptible d'un escompte en espèces, tel est le plan auquel on s'arrêta pour improviser des ressources. L'honneur principal en revient à Gaudin (depuis duc de Gaëte), et comme il était expert, en matière d'impôt foncier, il fit de la contribution directe le pivot de ses opérations.

Sous le directoire, on avait imaginé comme mesure d'économie de laisser aux communes le soin de confectionner les rôles et d'adjuger au rabais les fonctions de percepteur ; mais, comme correctif de ce système, on avait été conduit à créer une armée d'inspecteurs dont les services coûtaient plus cher au trésor que l'économie réalisée. Gaudin emprunta la main ferme du premier consul pour briser ces rouages imparfaits, et en peu de semaines il improvisa pour la perception de l'impôt direct le mécanisme dont le type s'est à peu près conservé jusqu'à nos jours. La hiérarchie des agents fiscaux relevant du pouvoir étant installée dans chaque département, on pourvut à l'escompte des produits de l'impôt en engageant la signature et la responsabilité personnelle des receveurs de diverses classes. Les receveurs-généraux, après avoir fait traite sur les receveurs d'arrondissement, et en calculant bien les échéances, devaient souscrire au profit du trésor, et pour le montant présumé de la recette annuelle, des obligations payables à jour fixe et en espèces métalliques. On établit une sorte de solidarité entre les receveurs-généraux en les groupant en syndicat. On avait exigé d'eux, à titre de cautionnement, une avance d'environ 10 millions : on en fit le fonds d'une caisse dite d'amortissement, bien moins destinée à soutenir les valeurs publiques qu'à consolider le crédit des obligations émanant des recettes générales. Tout effet de ce genre, en cas de non-paiement à l'échéance et après protêt, devait être aussitôt remboursé en principal et intérêts par la caisse d'amortissement. Grâce à ces précautions, le papier des receveurs-généraux acquit une valeur commerciale : il devint éminemment escomptable, et en effet l'escompte des produits de l'impôt foncier a constitué un des principaux ressorts financiers de l'empire. Je me représente le public, au lendemain du directoire, se demandant par quelle magie l'état trouve des écus pour payer ses créanciers, ses employés, ses fournisseurs, et j'imagine une sorte d'éblouissement non moins utile au prestige du premier consul que la victoire de Marengo.

Ce grand succès financier devait être payé assez chèrement, à mon avis du moins. Après avoir créé un papier de banque, on voulut avoir une banque pour le négocier à volonté. Il ne manquait pas d'établissements de crédit faisant l'escompte des bonnes valeurs et émettant des billets à vue et au porteur très bien accueillis du public. La force du besoin les avait fait surgir naturellement pendant la pénible transition de l'assignat à l'écu. Dès l'an IV, Garat avait organisé, comme moyen d'action pour le haut négoce, une *caisse des comptes courans*, alimentée principalement par les dépôts volontaires et les encaissements faits pour compte des associés. Une banque qui s'installa à Rouen eut pour spécialité la recherche des traites sur Paris. Le petit commerce parisien faisait aussi des efforts pour échapper à la fatalité des escomptes sur nantissement : il s'était formé dans son sein et à son usage des établissements modestes tels que la *caisse d'escompte du commerce*, le *comptoir commercial*, connu vulgairement sous le nom de *caisse Jabach*, la *factorerie* et autres encore. La caisse d'escompte par exemple était vraiment digne d'intérêt. Elle avait pour base l'association solidaire de cinq ou six cents petits industriels et boutiquiers qui choisissaient dans leur sein un conseil de douze administrateurs, élus pour trois mois, mais rééligibles. On s'y préoccupait moins de procurer des dividendes aux actionnaires que de faciliter les transactions du commerce, et avec un faible capital de 6 millions en espèces et des garanties hypothécaires pour 20 millions on avait trouvé moyen de porter le chiffre des escomptes réels à 153 millions de francs, au taux de 9 pour 100, très modéré pour l'époque. La *caisse des comptes courants*, dont l'action était circonscrite, était loin de rendre les mêmes services.

On ne manqua pas d'insinuer au premier consul qu'il serait avantageux pour lui d'assurer l'escompte des valeurs de l'état au moyen d'un établissement spécial ; les principaux capitalistes, qui déjà étaient venus en aide au pouvoir nouveau par quelques avances, ne demandaient qu'à s'associer à quelque combinaison de ce genre. Un négociant de province qui avait siégé au conseil des anciens et qui fut plus tard ministre de l'intérieur, Crétet, improvisa un plan à cet effet et devint l'intermédiaire d'une alliance entre le jeune dictateur et la haute banque. Moins de trois mois après le 18 brumaire paraissait un décret consulaire décernant à la *caisse des comptes courants* le nom de *Banque de France*, mettant à sa disposition l'ancienne église des Oratoriens de la rue Saint-Honoré (transformée depuis en temple protestant), élevant le capital à 30 millions, et chargeant le nouvel établissement de plusieurs services publics. Pour appeler le capital, sur lequel on ne comptait guère de l'aveu de M. Mollien, le gouvernement prit pour 5 millions d'actions au nom de la caisse d'amortissement. Cependant, malgré la clientèle du pouvoir, les affaires ne prenaient pas le développement qu'on avait espéré ; la concurrence des autres banques était d'autant plus importune que, se retranchant dans leur humble rôle, elles se dérobaient au périlleux honneur d'escompter le papier de l'état. C'était aux yeux du pouvoir une sorte de félonie, et puis la réaction en matière de commerce comme en beaucoup d'autres choses, les idées d'unité et de monopole, étaient à l'ordre du jour. Il sembla aussi naturel aux grands capitalistes que légitime au pouvoir de monopoliser le crédit, sur lequel d'ailleurs on n'avait chez nous que de vagues notions.

On hésitait à supprimer brutalement la caisse du petit commerce, mais on se flattait de la prendre en faute. On se présenta un jour au guichet de la *caisse d'escompte* avec une liasse de billets payables à vue et en espèces ; il y en avait pour 3 millions, somme écrasante à cette époque ; au grand ébahissement des porteurs, les billets furent payés. Avertis par le péril auquel ils venaient d'échapper, les associés firent en secret de nouveaux appels de fonds et se tinrent sur leurs gardes. On revint en effet avec une somme de billets au porteur plus forte encore, et l'argent fut compté à bureau ouvert. Toutefois la solidité des établissements libres ne pouvait plus les sauver ; trop de gens étaient intéressés à soutenir ou à croire que l'unité en matière de banque est une nécessité de salut public. Un décret du 24 germinal an XI (14 avril 1803) ordonna aux comptoirs particuliers qui émettaient des billets au porteur de retirer ceux qu'ils avaient en circulation et de s'abstenir d'en lancer à l'avenir. Par le même acte, le droit exclusif d'émettre des billets de cette nature devint la base du privilège de la Banque de France. Le petit commerce se sentit blessé et réclama ; nous avons à cet égard le témoignage d'un contemporain, auteur très accrédité en matière commerciale, et qui plus tard, en qualité de conseiller d'état, fut spécialement chargé d'étudier les statuts des banques nouvelles. « La caisse qui roulait sur le crédit marchand, dit Émile Vincens dans sa *Législation commerciale*, représentait vainement qu'elle avait un but spécial, que ses membres ne seraient pas assez connus des banquiers pour obtenir d'eux l'escompte, et que ceux-ci absorberaient tous les moyens de banque : il fallut subir la réunion. »

Ainsi ont été étouffés les essais instinctifs du crédit libre, et ceci se passait, remarquons-le bien, au moment où Pitt poussait dans son pays à la multiplication des banques, où il en faisait surgir jusqu'à sept cents ! Ce seul fait, en cas de guerre prolongée, allait faire tourner toutes les chances contre la France ; mais combien y avait-il d'hommes à cette époque capables de mesurer l'influence du crédit sur la production, et le rapport des forces productives d'un peuple avec sa vigueur politique et sa solidité militaire ? À part quelques-uns de ceux qu'on appelait alors des idéologues, la France de 1802, devenue fort ignorante en matière d'économie politique, n'était plus apte à discerner en quoi la réglementation qui supprime la liberté est contraire aux vrais principes de l'ordre. Comme contraste avec les années tumultueuses qu'on venait de traverser, le public applaudissait à toutes les tentatives de classement, de coordination apparente. La monopolisation du crédit au profit de la Banque de France avait affriandé les spéculateurs ; c'était à qui imaginerait une exploitation privilégiée. Suivant M. Vincens, « on proposait sans cesse au gouvernement de tout vendre, de tout mettre en monopole, jusqu'au roulage, jusqu'à la vente au dedans des denrées coloniales et au dehors de tous les produits de nos manufactures... » Peu s'en est fallu qu'on ne rétablît les jurandes et les maîtrises ; on recueillit des signatures à cet effet dans plusieurs métiers de Paris. Cette tendance ne déplaisait pas au premier consul, qui aurait voulu voir partout de beaux et solides régiments bien disciplinés. « Toujours sous prétexte d'ordre public, dit encore Vincens, on demanda aux individus des communautés les plus nombreuses de se faire inscrire ; on leur assigna des assemblées ou du moins des conseils de syndics sous le nom de délégués. On les engagea à dresser des statuts et des règlements dont quelques-uns furent homologués en silence. » Heureusement pour notre pays que les corporations industrielles produisirent leurs fruits ordinaires avant même d'être développées ; on se disputa pour la limitation des travaux et la spécialité des produits : « les épiciers voulaient vendre l'indigo, le sucre, le café, sans renoncer au droit de vendre l'eau-de-vie[1], » et ainsi des autres. Le ridicule ou le scandale de ces contestations permit aux hommes sensés de réagir contre l'entraînement du jour. Un bon mémoire de Vital Roux, un des rédacteurs du code de commerce, fit sensation et mérite d'être rappelé. Toutefois, si on ne retomba pas en plein dans l'ancien régime par le rétablissement des jurandes et des maîtrises, on resta en prévention contre la liberté commerciale et sous l'influence de l'esprit réglementaire et restrictif. La tendance instinctive et persistante pendant tout l'empire fut de constituer en exploitations privilégiées, sinon tous les métiers, au moins ceux auxquels on peut attacher quelque intérêt de police publique. Les compagnies limitées d'agens de change, de courtiers en marchandises, de commissaires priseurs, d'avoués, d'huissiers, prirent naissance à cette époque. La boulangerie, la boucherie, l'imprimerie, la librairie, les journaux, les entreprises théâtrales, cessèrent d'être des industries libres. L'enseignement et les travaux publics furent attribués à des corporations dépendantes de l'état.

Vers 1803, le ministre Frochot commença à consulter les chambres de commerce en matière de douane. Les chambres des grandes villes industrielles, sans alléguer les périls de la concurrence, mais sous l'influence des idées du temps, répondaient toujours en demandant par patriotisme des droits élevés, sinon des prohibitions. Entre toutes ces industries qui s'agitaient pour ressaisir des monopoles, aucune ne déploya autant d'adresse et de ténacité que la filature du coton : c'est par elle surtout que les prohibitions sont parvenues à s'épanouir chez nous à l'état de système. On pourrait supposer qu'en privilégiant l'industrie cotonnière, on avait dessein de faire éclore et de garantir contre des rivaux plus avancés un genre de fabrication nécessaire au bien-être du peuple. Il n'en était pas ainsi au commencement du siècle. Les cotonnades étaient alors considérées chez nous comme des tissus destinés aux gens riches, et nos fabriques ne paraissaient pas menacées par la concurrence extérieure. Si j'en juge au contraire par des pièces du temps que j'ai sous les yeux, ce serait le régime exceptionnel qui aurait donné une direction fausse au génie de nos manufacturiers et les aurait autorisés plus tard à réclamer une protection devenue nécessaire à certains égards.

Il y a une heure pour chaque progrès, et, quand l'idée est venue, il est rare qu'elle se trouve emprisonnée dans une seule tête : elle est plutôt diffuse et flottante dans beaucoup d'esprits. Pendant que l'Angleterre créait cette merveilleuse industrie qui est devenue un des principaux ressorts de sa puissance, la France n'était pas inactive. La filature à la mécanique, dont les premiers essais remontent chez nous à l'année 1780, avait été encouragée par le gouvernement de Louis XVI comme par la plupart des pouvoirs révolutionnaires, et à travers tant d'événements qui s'emparaient de l'attention, elle avait accompli des perfectionnements, peu remarqués peut-être chez nous, mais dont on s'inquiétait en Angleterre. Distancée quant à la quantité produite, elle aurait pu soutenir la lutte à l'égard des prix. En 1801, Pitt, qui prévoyait la guerre, proposa de taxer l'entrée du coton en laine à raison d'un penny par livre. L'industrie cotonnière s'émut aussitôt : elle décida qu'un mémoire serait adressé au ministre, et elle en confia la rédaction à un de ses principaux représentais, le célèbre Robert Owen, qui venait de fonder les grands établissements de Lanark. L'argument sur lequel on insiste dans cette pièce se rapporte précisément aux progrès de la filature française. On y cite avec une espèce de terreur un mécanicien des plus habiles, Périer[2], qui a combiné un métier de son invention avec une machine à vapeur, et qui obtient des cotons filés à raison de 3 shillings la livre, tandis que le prix moyen de l'Angleterre dépasse 5 shillings. La conclusion est que l'énorme bénéfice réalisé par Périer va faire surgir en grand nombre les filatures françaises, au grand péril des établissements britanniques. — On sait bien qu'il ne faut pas prendre à la lettre les doléances des commerçants, quand ils se croient menacés par une innovation fiscale. Personne ne croira qu'en 1801 les fabriques de Glasgow et de Manchester aient été si près d'être vaincues par les nôtres ; mais il est au moins permis d'admettre, d'après les calculs de Robert Owen, que nos fabricants de fils et de tissus n'avaient pas un pressant besoin de protection. Il y a plus, au moment même où ceux-ci réclamaient comme un droit l'exploitation exclusive du marché national, ils se glorifiaient de n'avoir à redouter aucune rivalité. « Pour les filés, écrivait en 1802 la chambre de commerce de Rouen, nous sommes en possession des meilleurs procédés connus. Si la fabrication anglaise possède quelque supériorité pour les tissus de cotons fins, cet avantage ne s'étend pas aux toiles communes, aux mouchoirs, chemises, etc.,

André Cochut

dont la fabrication est très considérable, et pour laquelle nous ne craignons aucune concurrence. »

Une seule chose a manqué à la France pour élever tout d'abord son industrie au premier rang : l'emploi des machines à vapeur. Périer, malgré son ardent prosélytisme, n'a pu provoquer dans le vaste empire français que six établissements d'après le type qu'il avait conçu. Nos capitalistes avaient-ils donc besoin de s'ingénier à perfectionner les machines et les moteurs, puisqu'ils allaient réaliser de gros bénéfices en se laissant glisser tout doucement sur la pente de la routine ? Le 28 avril 1803, une taxe de 4 à 6 francs le kilogramme fut frappée sur les cotons filés venant des pays avec lesquels la France n'était point en guerre. Les toiles devaient payer, en sus du droit sur les fils, autant de fois 5 centimes qu'il y avait de mètres carrés par kilogramme ; enfin, lorsque ces toiles étaient peintes ou imprimées, la taxe sur le blanc s'augmentait de 50 centimes par mètre carré pour une seule couleur, et de 1 franc lorsque plusieurs couleurs étaient combinées dans le dessin. Cette loi si ardemment désirée ne tarda pas à tromper toutes les prévisions. Les tisseurs, à qui l'on demandait des toiles fines pour l'impression, avaient besoin des numéros élevés que nos filateurs ne prenaient plus la peine de produire. Les imprimeurs, tout en conseillant l'exclusion des toiles peintes, se plaignaient des taxes qui repoussaient les beaux tissus blancs. Les articles dont on avait besoin étaient introduits comme par le passé ; seulement dans cette importation très considérable encore, puisqu'on l'évaluait à 120 millions, la contrebande jouait un grand rôle. Bref nos industriels n'étaient pas satisfaits. Leur idéal avait toujours été la prohibition absolue, et ils ne se lassaient pas de la solliciter. Une nouvelle concession leur fut faite en 1806 : on porta à 7 francs par kilogramme la taxe sur les fils de coton sans distinction pour le degré de finesse, et la prohibition fut prononcée à l'égard des tissus blancs ou imprimés, des mousselines, basins, piqués, couvertures et articles analogues.

Le gouvernement impérial, qui avait de grands besoins d'argent, comprit qu'il se privait d'une ressource par les exclusions qu'il venait de prononcer. Il lui sembla tout simple de se dédommager en imposant la matière première, qui avait été à peu près affranchie jusqu'alors. Les producteurs n'étaient pas autorisés à se plaindre puisqu'on les avait garantis contre la concurrence étrangère. Quant à la consommation intérieure, on ne croyait pas qu'elle dût être amoindrie par la taxe dont on allait faire l'essai. Ce genre de fabrication, j'en ai déjà fait la remarque, n'était pas considéré alors comme un moyen d'économie pour la multitude. Tandis que les Anglais s'appliquaient à généraliser l'usage des cotonnades en les appropriant aux besoins les plus vulgaires, les Français en faisaient un objet de fantaisie coquette. Dans un rapport destiné à résumer une espèce d'enquête commerciale faite par M. Beugnot, qui était alors préfet de Rouen, il est dit que « les toiles de coton sont un degré de luxe supérieur à celui des étoffes de soie, » et le poétique préfet ajoute, dans un style qui porte la date de l'époque : « La petite maîtresse chérit ce tissu pour la fidélité de la draperie, et parce qu'en recouvrant le nu autant que la décence l'exige, il ne le dissimule pas plus que le goût ne le permet. » Le coton en laine coûtait alors à peu près 5 francs le kilogramme, et recevait par la fabrication une valeur moyenne de 25 francs. Le gouvernement se crut sans doute modéré en imposant pour commencer 66 centimes par kilo cette matière considérée comme plus précieuse que la soie. On restituait d'ailleurs la somme perçue par le fisc en cas d'exportation, et c'est ainsi que le système des drawbacks fut introduit dans notre régime commercial.

À ce moment, il entrait sans doute dans les vues politiques de l'empereur de donner une haute importance à l'industrie cotonnière : c'était encore une manière de lutter contre la perfide Albion. Ne comprenant pas plus la résistance de la nature que celle des hommes, il entreprit de naturaliser en France la culture du coton : en vertu des instructions ministérielles envoyées aux préfets à la date du 27 mars 1807, une prime de 1 franc fut promise par kilogramme de coton nettoyé. Il y eut des agriculteurs qui se laissèrent prendre à cette amorce, et des plantations, furent faites dès la première année dans treize de nos départements méridionaux. De ces essais on n'a plus entendu parler, et c'est fort heureux : autrement on n'aurait pas manqué de faire des lois pour protéger le coton national contre celui des pays chauds.

On voit sous quelle influence s'est développé chez nous le genre de fabrication qui a fourni le type d'après lequel s'est renouvelée la grande industrie manufacturière. Il y eut dans les premières années du siècle une veine de prospérité inouïe pour les filatures de coton, doublement protégées par le pouvoir, qui les affranchissait de la concurrence extérieure, et par l'engouement du public, qui ne marchandait pas leurs produits. Vers 1805, suivant M. Benjamin Delessert, on comptait déjà une cinquantaine de manufactures réputées grandes pour le temps et deux cents petites ; il était admis qu'on y devait gagner 30 pour 100. La mode, qui joue un si grand rôle dans le placement des capitaux, les poussa vers ce genre d'opérations. Beaucoup d'installations nouvelles surgirent. Les mécaniciens ne suffisaient pas aux commandes. « C'est un adage reçu entre les filateurs, dit M. Beugnot dans le document déjà cité, qu'il y a des fortunes à faire dans leur état d'ici à dix ans, après quoi une filature sera une manufacture comme une autre. — Mais, ajoute assez naïvement le préfet de Rouen, pourquoi dès à présent serait-elle plus qu'une autre ? » Le pressentiment de quelque crise devait exister en effet chez les hommes expérimentés de la profession. Les fabriques nouvelles n'auraient pas été trop nombreuses, si elles avaient été montées en vue d'une consommation permanente et avec le projet rationnel de primer les autres tissus par le bon marché. On se serait alors appliqué, comme en Angleterre, à bien choisir la situation des établissements, à perfectionner l'outillage et surtout les moteurs, à réduire les frais de transport, à élargir incessamment le débouché par l'abaissement des prix. Malheureusement les manufactures s'improvisaient chez nous sous l'illusion de ces prix de fantaisie qui devaient donner 30 pour 100. Avec une telle marge, avec l'exploitation exclusive du marché intérieur, il semblait tout naturel de se laisser vivre, en se préservant de la fièvre des améliorations. On ne tarda point à s'apercevoir que le travail des filés, base de la vaste industrie cotonnière, coûtait chez nous de 60 à 80 pour 100 de plus qu'à l'étranger, et que l'Angleterre, dont on bravait fièrement la concurrence au commencement du siècle, avait pris sur nous une supériorité décisive. Nous étions toujours les pourvoyeurs du caprice élégant, Oberkampf faisait encore des indiennes préférées à la soie ; mais l'Angleterre avait créé une industrie solide, illimitée, parce qu'elle s'adressait à des besoins inépuisables.

Nos manufacturiers ont oublié ce vice d'origine. Surpris par la supériorité de l'industrie britannique, ils en sont venus à considérer nos voisins comme des rivaux privilégiés par la nature et contre lesquels il serait imprudent de lutter. Ils se représentent des usines bâties sur des blocs de fer ou de charbon, desservies par une race puissante par la conception et d'une incomparable solidité pour le travail. Il serait puéril de méconnaître que l'Angleterre possède des avantages naturels ; mais la France aussi a les siens. N'est-ce rien que cette fécondité du sol qui permettrait d'abaisser le prix de revient en raison du bas prix des aliments ? N'y a-t-il pas chez nous une vivacité d'invention et un goût instinctif qui seraient devenus de grandes forces productives, s'ils s'étaient exercés dans un bon milieu économique ?

J'ai sous les yeux beaucoup de documents et de témoignages qui remontent au commencement de notre siècle ; plus je les étudie, et plus je reste persuadé que l'industrie française a été engourdie et faussée vers cette époque par la malfaisante influence du régime protecteur. Si le fer, la houille, les moteurs et les transports à bon marché ont manqué aux manufactures, c'est que celles-ci, trop confiantes dans les monopoles de droit ou de fait dont elles jouissaient, ne sentaient pas l'urgence d'exonérer leurs fabrications. L'indolence se communiqua d'une spécialité à l'autre. L'Angleterre, après avoir épuisé ses bois, avait cherché pendant un demi-siècle le moyen de les remplacer par la houille dans le traitement du fer. Le problème dont dépendait peut-être la puissance britannique venait enfin d'être résolu. Malgré l'évidence, les maîtres de forges français s'obstinèrent pendant vingt ans à repousser cette innovation comme impraticable. Ils avaient à leur disposition du bois en abondance et des minerais dont l'Angleterre était jalouse : ces richesses étaient livrées au gaspillage. Dans plusieurs provinces, on exploitait les filons à tranchées ouvertes et rarement à plus d'un mètre de profondeur. Dès que la veine paraissait s'affaiblir, on allait plus loin et on bouleversait ainsi quatre fois plus de terrain qu'il n'eût été nécessaire. Il résultait de ces mauvaises méthodes que les fourneaux établis autrefois à proximité des minières ne tardaient pas à se trouver séparés des lieux d'extraction par des distances de plus en plus grandes, si bien qu'un habile administrateur[3] prévoyait déjà la ruine de plusieurs usines par suite des frais d'approvisionnements. Les transports des minerais se faisaient à dos de mulets ou avec des attelages de bœufs, et ces moyens, très dispendieux pour les producteurs, devenaient un fléau pour les campagnes, en raison des dégâts commis par ces caravanes. Suivant les ingénieurs, on aurait pu ménager d'un tiers en moyenne le combustible employé. On négligeait aussi les indications de la science[4] dans la construction des fourneaux, dans l'emploi des souffleries. On ne voulait pas essayer l'étirage des fers au laminoir, et on s'en tenait à l'ancien martelage. Bref, on obtenait à des prix excessifs des produits de qualité misérable. Les mauvais fers étaient toujours assez bons pour être envoyés à l'ennemi sous forme de boulets. Quant aux fers marchands, on pouvait dicter la loi aux consommateurs, car bien que la protection accordée par le tarif de 1806 fût assez faible (4 francs par quintal métrique), il existait en faveur des maîtres de forges un monopole de fait. Tous ces peuples en guerre se faisaient scrupule de se vendre du fer les uns aux autres, et lorsqu'en 1810 le gouvernement impérial distribua des licences pour l'introduction des fers anglais, le gouvernement britannique défendit à ses nationaux de nous en vendre.

Il y a chez les chefs d'industrie une répugnance instinctive à renouveler leur matériel, et ils ne s'y résignent que lorsqu'ils y sont forcés par la nécessité de la lutte : c'est qu'à part la mise de fonds qu'il faut faire, tout perfectionnement qu'on adopte est bientôt imité par le concurrent, et il n'y a profit en définitive que pour le consommateur, c'est-à-dire pour la nation prise collectivement. La merveilleuse invention que Watt avait conduite à l'état pratique n'était pas absolument inconnue de nos grands industriels. Un homme dont on a trop oublié les services, Périer, s'était voué à une espèce d'apostolat pour vulgariser chez nous les avantages de la pompe à feu, comme on disait alors. Même avant la révolution, il avait introduit en France une des meilleures machines de Watt, utilisée dès lors sous les yeux des Parisiens pour la distribution des eaux de la Seine. Il avait fait à ses risques et périls cinq voyages en Angleterre, et bien qu'il eût été dénoncé deux fois à la chambre des communes comme une espèce de conspirateur envoyé pour surprendre le secret de la puissance britannique, il était parvenu à rapporter les plans et l'outillage nécessaires pour installer à Chaillot un grand atelier de constructions. Il y avait assez bien réussi, on l'a vu, pour donner quelque inquiétude aux Anglais. Il s'était en outre appliqué à répandre des notions, nouvelles alors, sur l'économie des manufactures, et l'un des premiers chez nous il a exposé que les machines équivalent à un accroissement de population et de richesse agricole égal au nombre des hommes et des chevaux qu'elles remplacent. Où devait aboutir tant de zèle ? Périer lui-même l'a dit avec tristesse dans un opuscule publié en 1810. L'Angleterre à cette époque possédait plus de cinq mille machines à vapeur ; la France n'en avait pas deux cents, y compris celles qui étaient établies dans certaines mines d'après les anciens modèles de Bélidor, et la France de cette époque comprenait la moitié du continent européen. Les machines perfectionnées n'étaient introduites que dans les usines du gouvernement ou dans de grands charbonnages : l'industrie particulière en était presque généralement dépourvue.

On ne s'était pas encore avisé de dire à cette même époque que le charbon fossile manquait à la France. On avait au contraire constaté des gisements nombreux dont on se plaisait à vanter la richesse, et comme les charbonnages belges et rhénans faisaient concurrence à ceux de l'ancien territoire, comme la houille n'était protégée par aucun tarif, elle se vendait alors bien meilleur marché qu'aujourd'hui. Les procédés d'extraction étaient en général fort imparfaits ; mais à quoi aurait-il servi de les améliorer ? La métallurgie s'obstinait à repousser l'emploi de la houille dans le traitement du fer ; l'industrie manufacturière n'éprouvait pas le besoin des machines à vapeur : Fulton, mal compris en France, s'était éloigné avec un amer chagrin. Le trafic des charbons étant très faible, il n'y avait pas de raison pour ouvrir ces canaux navigables qui provoquent les affaires de tout genre par l'extrême bas prix des transports.

À part cette indolence, qui est naturelle aux privilégiés, il ne manquait pas d'autres causes pour paralyser l'esprit d'entreprise. Le crédit monopolisé venait fort peu en aide au commerce, et le spéculateur vivait dans l'appréhension de voir toutes ses combinaisons renversées par quelque coup de tête, non-seulement en politique, mais eu matière d'administration. Les métaux monétaires, expulsés parles assignats, ne rentraient que fort lentement, parce que les expéditions de marchandises à l'extérieur avaient peu d'importance. Ils étaient d'ailleurs réexportés en grande partie et semés sur les champs de bataille par la nécessité de payer en argent les achats qu'il faut faire sur place en temps de guerre. Avant la fameuse campagne de 1805, au moment même où la grande industrie cherchait à se constituer, le 5 pour 100 consolidé variait de 50 à 60. Le trésor battait monnaie pour ses divers services en négociant à 10 ou 12 pour 100 d'intérêt les obligations souscrites par les receveurs-généraux. Le meilleur papier de commerce s'escomptait rarement au-dessous de 8 pour 100. Le tarif officiel de la Banque de France était à la vérité fixé à 6 ; mais cela profitait peu à l'industrie privée, parce que les ressources de l'établissement étaient le plus souvent absorbées par les réquisitions du gouvernement, ou accaparées par les grands capitalistes qui régissaient alors le monde financier.

Un homme doué d'une rare capacité pour les affaires et peu embarrassé par les scrupules, Ouvrard, avait imaginé une combinaison gigantesque, dont le résultat définitif devait être de faire affluer en France les trésors amoncelés dans les possessions américaines de la couronne espagnole depuis que la guerre avait interrompu les communications maritimes. Ouvrard se faisait fort d'apporter 262 millions de francs en doublons et en piastres. C'était à éblouir le monde commercial, où la pénurie des espèces causait tant d'embarras. Le ministre du trésor, l'honnête et naïf Barbé-Marbois, s'y laissa prendre comme le vulgaire des spéculateurs. Il y avait à faire des avances pour obtenir de la cour de Madrid les autorisations nécessaires. Le ministre livra une somme considérable en obligations des receveurs-généraux qu'Ouvrard s'empressa d'escompter. Le désir de participer à l'affaire donna lieu, dans le haut commerce, à des échanges de billets qu'on parvint à faire entrer aussi dans les portefeuilles de la Banque. D'un autre côté, le gouvernement, qui se préparait à une guerre décisive, exigeait l'escompte des papiers qui représentaient les contributions de l'année suivante. « En décembre 1805, a dit un homme en position d'être bien informé[5], sur 97 millions de valeurs escomptées que renfermait le portefeuille, il y en avait pour 80 millions en obligations des receveurs-généraux prêtés à 6 pour 100, et que, si la Banque eût cherché à les escompter, personne n'aurait voulu prendre à 12 pour 100. » Ce n'est pas tout. À mesure que rentraient les impôts, le gouvernement prenait dans les mains des receveurs les fonds destinés à l'acquittement des billets qu'on leur avait fait souscrire, de sorte que la Banque était obligée d'accorder des renouvellements à l'échéance. L'encaisse ne tarda pas à tomber au-dessous de 1,200,000 francs en présence d'une émission de billets très considérable. Les régents, pour faire face autant que possible aux remboursements, ramassaient à tous prix les traites sur les provinces, et les faisaient toucher par des agents spéciaux qui avaient ordre de renvoyer les espèces. Les villes de commerce, ne pouvant se passer de leur numéraire, avisaient aussitôt aux moyens de le faire revenir. « Tout le temps que ce système de circulation fut suivi, a dit un des plus habiles ministres du temps, l'argent pouvait manquer souvent partout, excepté sur les grandes routes. »

Mollien raconte que, s'étant placé sur le passage de Napoléon au moment de son départ pour la grande armée, le 25 septembre 1805, l'empereur lui jeta ces mots en courant : « Les finances vont mal, la Banque éprouve des embarras ; ce n'est pas ici que je puis y mettre ordre. » Pour le mal, quel qu'il fût, il ne connaissait que le remède héroïque, la victoire. La Banque avait été réduite à limiter ses paiements à 500,000 francs par jour : cela seul aurait suffi pour jeter la panique parmi les porteurs de billets. Les bureaux de remboursement étaient assaillis. Ceux qui ne pouvaient pas parvenir jusqu'aux guichets s'estimaient heureux de réaliser leurs billets chez les changeurs avec 10 ou 12 pour 100 de perte. Malgré la précaution prise par Fouché de faire distribuer dans les douze mairies de Paris des numéros d'ordre pour le remboursement des billets, les longues files de postulants qui rayonnaient dans les rues adjacentes présentaient par instant le caractère des attroupements séditieux. Au conseil des ministres en permanence au Luxembourg sous la présidence du prince Joseph, l'anxiété était des plus vives. On était résolu, c'est encore Mollien qui nous l'apprend, à fermer les guichets de remboursement, sauf à faire distribuer quelque monnaie dans les mairies, à défendre au tribunal de commerce de statuer sur les contestations occasionnées par l'offre ou le refus des billets de banque, à dissiper au besoin par la force armée tous ces rassemblements de créanciers criards.

Pendant ce temps, l'empereur faisait de la banque à sa manière, en tirant sur les Autrichiens et les Russes... à boulets rouges. Dans la soirée du 12 décembre, le canon retentit à Paris ; on suspend des drapeaux, des guirlandes de laurier à la façade des édifices publics et des théâtres ; les rues s'illuminent, des rassemblements se forment, et cette fois c'est pour lire le bulletin de la grande armée. — Bataille et victoire à Austerlitz ! — Il s'agit bien pour les Parisiens de billets au porteur, d'encaisse et d'escompte ! Combien d'ennemis couchés à terre ou engloutis vivants dans l'étang glacé ? Combien d'Autrichiens amenés sans armes devant le vainqueur ? Qui s'est distingué et a reçu la croix ? Qui est devenu capitaine ou sergent ? Qui demain partira conscrit ? Voilà ce qu'il faut savoir avant tout, voilà ce qui fait bouillir votre sang, ô vieille race gauloise, ô Gaulois toujours jeunes !

Ces héroïques journées sont dans la vie des peuples comme ces extases qui épuisent : c'est par la continuité d'un bon régime qu'on fortifie sa constitution. Le vainqueur d'Austerlitz, suivant sa promesse, avait arrangé à Vienne les affaires de la Banque. Il fit déposer dans les caisses, comme restitution ou à titre de comptes courants, une forte partie de la contribution de guerre infligée à l'Autriche. Les avances directes au trésor, qui s'étaient élevées jusqu'à 86 millions, furent réduites à 27 dès le mois du mai et entièrement remboursées en octobre. Les obligations des receveurs-généraux cessèrent d'encombrer le portefeuille. L'encaisse remonta rapidement à 55 millions. Malheureusement pour Napoléon, le seul enseignement qu'il tira de cette crise fut que la direction de la Banque, confiée jusqu'alors à des régents choisis par les actionnaires, était trop indépendante de l'état, et que le capital n'était pas assez considérable pour venir en aide au trésor. Il confia le gouvernement suprême à trois grands fonctionnaires nommés par lui, quoique payés par les actionnaires, et il exigea que le capital fût élevé de 45 millions à 90, non compris la réserve, condition contre laquelle les actionnaires ont protesté pendant vingt-cinq ans, parce qu'elle obligeait la Banque à conserver un capital trois fois plus fort qu'elle n'en pouvait employer utilement. Le commerce n'eut guère le temps de réfléchir sur la meilleure organisation du crédit. Il allait être jeté dans de bien autres aventures.

## III. — LE SYSTÈME CONTINENTAL.

Il serait injuste de rejeter entièrement sur Napoléon la responsabilité du blocus continental. C'était une manœuvre de guerre conforme aux principes et aux instincts de l'époque. L'empereur ne l'a employée qu'à titre de représailles, mais avec cet emportement qui le poussait du premier bond jusqu'aux extrémités. En 1806, le gouvernement britannique met en interdit les ports du continent depuis Brest jusqu'à l'embouchure de l'Elbe, et quoiqu'il n'ait pas de forces suffisantes pour investir tous les points abordables sur une aussi vaste étendue, il déclare que ses croisières intercepteront autant que possible les communications, et exerceront à l'égard du commerce les rigueurs qu'autorise un blocus effectif. À cette provocation sauvage, Napoléon répond par les ordonnances de Berlin et de Milan, qui instituent ce qu'on appelle le système continental. Tout commerce, toute correspondance avec les îles britanniques sont défendus ; tout magasin, toute propriété appartenant à un Anglais, toute marchandise provenant de fabrique anglaise, sont déclarés de bonne prise. Les lettres adressées à un Anglais ou écrites en langue anglaise sont supprimées par les postes. Dès qu'un bâtiment, de quelque nation qu'il soit, a touché le sol britannique ou s'est mis en communication avec l'Angleterre en payant tribut ou en souffrant des visites en pleine mer, il perd la protection de son pavillon et tombe dans la catégorie des choses saisissables.

Applicables à tous les pays soumis à la domination française, soit par conquête, soit par alliance, les décrets de 1806 et de 1807 furent exécutés à la rigueur et avec une sorte d'ostentation. Des corps spéciaux de douaniers marchèrent à la suite de nos troupes victorieuses : ils flairaient les contraventions, fouillaient les maisons et les comptoirs, saisissaient sans contrôle et sans recours les marchandises proscrites. On donnait à la destruction de ces richesses la solennité d'un auto-da-fé, car la volonté du conquérant inspirait une sorte de superstition. Sur la place publique, où étaient amoncelés les articles saisis, on allumait un grand bûcher. Venaient les troupes pour former la haie circulaire, et les autorités civiles et militaires qui prenaient place sur une estrade. Au signal donné par les tambours, les douaniers s'abattaient sur les caisses et les ballots, montraient au peuple les articles condamnés, et les lançaient dans les flammes. Les objets incombustibles étaient brisés à coups de massues. Des scènes de ce genre eurent lieu pendant trois ou quatre ans, surtout dans les places maritimes du continent européen. La Hollande, restée sans protection après l'abdication du roi Louis, fut particulièrement maltraitée.

Ces procédés, si sauvages qu'ils nous paraissent invraisemblables, n'excitèrent point tout d'abord une réprobation marquée ; ils étaient conformes aux idées du temps, je le répète, parce qu'il est bon de constater les progrès de la raison publique. Au début du système continental, les grands manufacturiers des pays soumis à la France trouvaient assez juste que la perfide Angleterre fût mise dans l'impossibilité de leur faire concurrence, et quant au vulgaire, dans la foule des gens affamés et déguenillés pour la plupart qui faisaient cercle pour voir brûler des étoffes et des aliments, on répétait sans doute cette parole du maître : qu'on allait « conquérir les colonies par la terre. » Bientôt cependant on s'aperçoit que la vitalité européenne s'arrête. L'Angleterre, qui tient la mer, conserve encore la ressource des échanges lointains ; les peuples continentaux sentent la paralysie qui les envahit. Tout commerce extérieur devenant contrebande et ne s'effectuant plus qu'à travers des périls, le fret, les assurances, le change, subissent des oscillations violentes. Les produits indigènes, qu'on ne peut plus échanger, s'accumulent dans les ports et y sont offerts à vil prix, tandis que d'autres objets, qu'on ne reçoit plus de l'étranger, manquent à la consommation. Les industriels eux-mêmes, ne pouvant plus compter sur le renouvellement des matières premières, sentent que leurs spéculations n'ont plus de bases. Peu à peu le mécontentement se manifeste, surtout dans les pays alliés qui n'ont pas de manufactures, et qui éprouvent doublement le besoin d'échanger les produits naturels de leur sol contre des objets fabriqués économiquement ; mais le vainqueur d'Eylau et de Wagram s'est élevé si haut que les doléances n'arrivent plus jusqu'à lui, Les résistances que rencontre son système continental, il les attribue à l'audace des contrebandiers, aux habitudes routinières des populations. Il n'a pas coutume de dévier quand il rencontre un obstacle : il l'écrase du pied et poursuit sa route.

En effet, la contrebande ou pour mieux dire la légitime résistance s'était organisée sur une large échelle. Un décret impérial du 18 octobre 1810 institua des cours prévôtales appelées à connaître exclusivement des crimes de contrebande : elles avaient pouvoir de prononcer sommairement, sans appel ni recours en cassation, des peines afflictives et infamantes, non-seulement contre les fraudeurs, mais contre les assureurs et négociants considérés comme complices. Malheur aux condamnés ! Ils étaient envoyés aux galères pour dix ans et marqués avec un fer rouge de deux lettres destinées à perpétuer le souvenir de leur félonie, « le tout sans préjudice de dommages et intérêts proportionnés aux bénéfices qu'ils auraient pu réaliser. » Remarquons en passant cette formule, qui permettait de taxer arbitrairement les personnes impliquées dans les poursuites. Malgré tout, les délits se multipliaient, les primes de la fraude devenant plus fortes à mesure que s'élevaient les prix des marchandises prohibées. On tenait surtout à proscrire les produits exotiques, parce que l'Angleterre, au moyen de sa marine sans rivale, en avait alors le monopole presque exclusif. Pour en déshabituer les populations, on frappa de droits énormes ceux de ces produits qui, n'étant pas de provenance anglaise, pouvaient être achetés impunément. Les sucres bruts et les cafés furent taxés à 400 francs le quintal métrique, le poivre à 600 francs, le cacao à 1,000 francs, la cannelle à 2,000 francs, non compris les décimes de guerre. On en vint à vendre le sucre à peine blanchi plus de 6 francs le demi-kilo, les autres denrées coloniales à proportion, et pour comble de disgrâce la falsification de ces articles fut poussée jusqu'au dernier degré de l'impudence. Le même régime fut appliqué aux matières exotiques indispensables à nos manufactures. Les tarifs sur les cotons en laine furent élevés systématiquement à des chiffres impossibles, de 440 à 880 francs par quintal, suivant les provenances. On conseilla d'abord au public de remplacer le sucre par le miel ou des sirops de fruits, le café par la chicorée torréfiée, l'indigo par la fécule du pastel, le quinquina par l'écorce du marronnier ; les journaux avaient mission de démontrer qu'en tout cela le patriotisme était d'accord avec l'hygiène. On recommanda un sirop de raisin dont Parmentier était l'inventeur, et une somme de 200,000 francs fut promise aux douze fabriques qui livreraient ce produit en plus grande quantité. Puis on se rappela que des chimistes de Berlin avaient extrait du sucre de la betterave, et on établit en 1812 des écoles ayant pour programme la réalisation industrielle du procédé. Pour alimenter nos filatures, auxquelles le coton allait manquer, on offrit une récompense d'un million de francs à l'inventeur d'un procédé mécanique pour filer le lin et le chanvre, problème qui fut résolu avec plus de gloire que de profit par le malheureux Philippe de Gérard. Il y eut aussi vers 1811 un gigantesque projet pour augmenter la production de la laine qui aurait alimenté nos filatures. L'état devait entretenir dans ses bergeries assez de béliers pour les neuf millions de brebis qu'on supposait exister en France.

L'impossibilité de se passer des articles monopolisés par les Anglais devenait trop évidente. Le guerrier invincible jusqu'alors se sentit faiblir dans cette étrange bataille qu'il avait engagée contre la nature des choses et les instincts des peuples. Il consentit à l'introduction sur le continent des marchandises anglaises, mais en vertu de licences spéciales et sous la condition qu'elles seraient payées, non en argent, mais avec des produits français. Encore un sacrifice aux erreurs du temps sur la balance du commerce : on aurait cru appauvrir le pays et enrichir l'Angleterre en lui achetant contre écus ce dont on avait besoin. Napoléon espérait d'ailleurs battre monnaie au moyen de licences dont la vente devait figurer au budget parmi les droits de douane. Il s'était réservé personnellement de les accorder, et bien qu'il fallût les payer, on ne les obtenait que par une sorte de faveur. Les simples négociants ne pouvaient se les procurer qu'en ayant recours à des intermédiaires dont il fallait payer les services, et le trafic auquel les licences ont donné lieu a occasionné plus d'un scandale. Ajoutez à cela la difficulté de vendre pour une somme exactement égale à celle des achats. L'armateur qui voulait acheter en Angleterre pour 500,000 francs de denrées américaines devait justifier au départ qu'il emportait pour 500,000 francs de nos produits. Or, comme les articles d'échange faisaient défaut chez nous, on chargeait le vaisseau de marchandises qu'on n'espérait pas vendre, et qu'on détruisait dès que le vaisseau avait gagné le large. On fabriqua même à cet effet des articles de pacotille, mais apparents et de nature à être surévalués dans les bordereaux d'expédition : c'étaient des soieries, des meubles, des livres, des estampes. On a gardé souvenir dans la librairie d'éditions entières emballées à l'adresse des Anglais, mais jetées à la mer pendant le trajet. Quel bon temps pour les auteurs, toujours sûrs d'épuiser leurs livres jusqu'au dernier exemplaire ! Pour les gens qui aiment mieux le sucre que les livres, ce régime commercial était moins agréable. Si la cargaison jetée à la mer valait 100,000 francs, cela augmentait d'autant les denrées importées en retour. L'invention des licences était d'ailleurs un démenti donné au système continental par son auteur. Nous déclarions l'Angleterre en état de blocus et ses marchandises exclues du continent, et nous avions recours au procédé le plus bizarre pour les y introduire nous-mêmes. Les Anglais n'étaient pas beaucoup plus raisonnables que nous. Ils supposèrent que le commerce par licence allait enrichir le trésor impérial, et ils se refusèrent à vendre dès qu'ils nous virent si ardents pour acheter.

Il en est des désordres économiques comme de ces écarts de régime qui ne délabrent le tempérament qu'à la longue ; quelquefois même leur premier effet est une surexcitation maladive que l'on prend pour un surcroît de force. Il en fut ainsi du système continental. Les chefs de la grande industrie, du moins ceux de l'ancienne France, y trouvaient les avantages de la prohibition. Les subventions semées par le gouvernement et surtout les prix excessifs de certaines marchandises faisaient éclore toute sorte d'entreprises plus ou moins normales. La fabrication du sucre de betterave fut essayée dans plus de deux cents usines. Il y avait un grand consommateur dévorant des montagnes d'objets confectionnés à la hâte et qu'il fallait sans cesse renouveler : c'était l'armée ; ses besoins entretenaient un courant de spéculations où nombre de gens trouvaient à puiser des bénéfices. « La guerre nourrit la guerre, » disait-on. Le public ne se doutait pas alors que toute contribution de guerre levée le lendemain d'une victoire est un emprunt désastreux qu'il faudra rembourser tôt ou tard, au lendemain d'une défaite. Parmi les ouvriers, on entendait peu de plaintes. Ils restaient en trop petit nombre dans les ateliers pour n'y être pas convenablement rétribués ; on ne chicanait guère sur le taux des salaires quand tout homme de cœur pouvait se promettre à lui-même une large solde sous les drapeaux. Ajoutons à cela que la dextérité ingénieuse et l'esprit inventif de la race française ne se démentaient pas. Nos draps, nos soieries, nos impressions sur étoffes, nos papiers d'ornement, nos meubles, nos ciselures se recommandaient par un cachet d'élégance eu égard aux goûts de l'époque : on introduisait dans les fabriques des inventions de détail. Les Anglais avaient peut-être plus peur de nos chimistes que de nos grenadiers. À n'en juger que par les superficies brillantes, on pouvait dire que l'industrie était en progrès.

Mais ce qui constitue la prospérité d'un pays n'est pas la perfection de quelques-uns de ses produits : c'est sa puissance productive, c'est l'ensemble et l'harmonie de ses moyens pour augmenter ses forces. Bien qu'il y eût beaucoup de gens satisfaits dans le monde commercial, du moins jusqu'en 1810, la France était débilitée par les vices de son régime économique ; déjà, malgré sa fière attitude, elle n'avait plus assez de vigueur pour supporter des revers. Le système continental, après avoir renouvelé la guerre en soulevant tous les autres peuples contre nous, nous laissait à l'intérieur avec une industrie gonflée un instant, puis refoulée sur elle-même et désorientée par les plus étranges combinaisons. La somme qu'il aurait fallu pour réparer les pertes de la marine militaire pendant quinze ans et le matériel de terre perdu dans les campagnes de 1812 et de 1813 ne dépasse pas celle qu'un simple banquier de nos jours trouverait pour une ligne de chemin de fer. J'en parle d'après des états dressés sous la restauration, et qui ne sont pas suspects de flatterie : cette somme d'environ 250 millions, il eût été impossible de l'obtenir par un crédit normal. Dès que la victoire eut abandonné nos drapeaux et qu'il ne fut plus possible de compter sur la rançon des vaincus comme élément de recette, il y eut nécessité absolue de recourir aux surtaxes d'impôts, aux anticipations, aux ventes de domaines, expédients qui sèment l'irritation et la défiance. Au commencement de 1814, la Banque avait dû prêter au gouvernement plus de 88 millions sur son capital, qui était de 90, et le portefeuille des effets de commerce se réduisait à presque rien... Mais il ne faut pas trop insister sur ces souvenirs pénibles ; il suffit de dire que, si Napoléon est tombé sur un champ de bataille, ce n'est pas là qu'il a été vaincu. Si l'on cherche à recueillir ses impressions, après avoir parcouru l'émouvante période qui comprend la révolution et l'empire, on reconnaît que l'assemblée constituante eut seule une doctrine en matière d'économie, celle de Turgot, et que par malheur le régime de liberté inauguré par elle eut à peine un commencement d'expérimentation. De 1792 à 1814 au contraire, le souffle de la science se fait à peine sentir. Le mouvement économique, déterminé par les nécessités de la politique ou de la guerre, est faussé par toute sorte d'expédients. On est retombé sous le joug des vieux instincts ; on revient, sans y prendre garde, à une discipline industrielle opposée le plus souvent à l'esprit de 1789. L'étude de cette période n'en est pas moins très importante, parce que les pouvoirs successifs y ont semé à pleines mains les germes de monopoles qui ont été si habilement cultivés plus tard, ainsi que nous le verrons bientôt, et parce qu'on en a conservé cette fatale habitude de subordonner l'activité productrice à l'initiative de l'état.

## Notes

1. Vincens, Législation commerciale, t. Ier, p. 241.

2. C'est le membre de l'Académie des Sciences nommé plus haut.

3. M. de Barral, préfet du Cher. Voyez son rapport dans le Journal des Mines, t. XXVI.

4. Voyez le rapport de Berthollet à la chambre des pairs en 1814, et le discours de Lefèvre Gineau à la chambre des députés.

5. M. Gautier, sous-directeur de la Banque de France et sénateur. Voyez son remarquable travail dans l'Encyclopédie du Droit.

# Le régime économique de la France de 1815 à 1860

## I. — RESTAURATION.

Le roi Louis XVIII fit son entrée à Paris le 3 mai 1814. À peine était-il installé aux Tuileries qu'on lui soumettait un « mémoire, au nom de MM. les propriétaires de bois et maîtres de forges du royaume, » pour le prier d'établir des droits fortement protecteurs au profit de l'industrie métallurgique. Cette pièce, que j'ai sous les yeux, porte quarante-six noms, parmi lesquels on distingue un prince, deux ducs, cinq marquis, dix comtes ou barons, sans compter les adhésions aristocratiques qui vinrent à la suite. Le 27 mai, quatorze jours seulement après l'installation du premier ministère, la chambre de commerce de Rouen, donnant l'exemple aux autres corporations de même genre, adressait au roi une pétition dont l'esprit se résume dans cette phrase : « La prohibition est de droit politique et social. Depuis le fabricant jusqu'à l'ouvrier, tous réclament, et avec raison sans doute, le droit de fournir exclusivement à la consommation du pays qu'ils habitent. » Ces deux manifestations font pressentir le système commercial qui allait se constituer, et qui devait avoir sur les destinées de notre pays une influence dont on s'étonnera, quand on en aura constaté les effets.

La chute de l'empire, en mettant fin au prétendu système continental, déterminait dans le monde industriel une sorte de cataclysme. Nos fabriques s'étaient établies et avaient dirigé leurs opérations en vue d'une utopie qui leur promettait l'exploitation exclusive du continent, et tout à coup nos lignes de douane se trouvaient brisées : l'invasion des produits étrangers se pratiquait sans obstacle à la suite de l'invasion militaire. Il eût été presque ridicule de maintenir des droits excessifs sur des marchandises qu'on pouvait introduire sans opposition. Aussi, dès le 28 avril, le comte d'Artois, agissant comme lieutenant-général du royaume, avait supprimé, ou à peu près, les taxes sur les cotons et réduit des quatre cinquièmes au moins celles qui existaient nominalement sur les sucres et les cafés. Qu'on imagine les récriminations désespérées des négociants détenteurs de ces marchandises et condamnés à vendre 3 ou 4 fr. le kilo les articles pour lesquels ils avaient payé 6 ou 8 francs de droits ! Le pouvoir né la veille était assailli de réclamations, assourdi de doléances [1]. Les fabricants de cotonnades demandaient une indemnité de 30 millions de francs, avec l'espoir d'obtenir, à défaut d'argent, une législation favorable à leur industrie. Les raffineurs faisaient valoir que leurs ateliers avaient été désorganisés pendant la période où le sucre était proscrit, et qu'on les avait mis pour longtemps dans l'impossibilité de soutenir la concurrence étrangère. Les personnages intéressés dans l'industrie des fers comme propriétaires de forêts et métallurgistes avaient institué un comité à Paris et exposaient leurs griefs dans un déluge de pétitions et de brochures dont la collection est encore curieuse.

Sans mesurer bien exactement l'importance des problèmes économiques, les hommes d'état du nouveau régime désiraient les mettre à l'étude et se faire un système ; mais ils étaient absorbés par des difficultés plus impérieuses. Les anciens ressorts financiers avaient été brisés et n'étaient pas remplacés. Le gouvernement déchu laissait un arriéré exigible de 759 millions, résultant des anticipations fiscales et des fournitures non soldées. Il eût été impolitique autant qu'injuste de méconnaître ces dettes, contractées au profit des capitalistes les plus influens. Un vote des chambres leur avait laissé le choix entre des titres de rente perpétuelle à un cours très bas ou des obligations remboursables en trois ans, portant 8 pour 100 d'intérêt et garanties par la vente de 300,000 hectares de forêts domaniales ; mais ces forêts provenaient en grande partie de confiscations, et une autre loi avait prononcé déjà que tous les biens non vendus seraient restitués aux anciens propriétaires. Le genre de liquidation adopté contrariait surtout un plan de régénération sociale au moyen du clergé, à qui on aurait attribué un riche domaine forestier pour garantir son indépendance et le rémunérer des soins qu'il aurait donnés à l'éducation publique. Ces provocations imprudentes faisaient beau jeu aux ennemis du nouveau régime : la crainte et la colère grondaient au foyer des innombrables familles entre lesquelles la révolution avait émietté les biens nationaux.

Le gouvernement royal, moins embarrassé peut-être de ses adversaires que de ses fougueux défenseurs, considérait donc la session de 1814 comme perdue pour le progrès administratif. Peut-être même lui répugnait-il de confier l'étude des questions d'avenir à une assemblée élue sous le règne précédent. Lorsque les projets concernant les douanes furent mis en discussion dans les deux chambres, il ne s'agissait que de pourvoir aux souffrances du moment, et non pas d'introduire un système définitif. L'intention nettement énoncée était non pas de généraliser les prohibitions, mais de sauvegarder l'industrie française pendant la crise par des droits fortement protecteurs. La délibération relative aux fers, longue et animée, mit en lumière beaucoup de faits instructifs. Les maîtres de forges n'osaient pas demander qu'on donnât un caractère légal à cette espèce de monopole que la guerre avait institué en leur faveur. Ils obtinrent seulement une protection équivalant à 50 pour 100 de la valeur des marchandises avec des dispositions accessoires très favorables. Les fontes ne furent admissibles que sous la forme de blocs énormes ; les fers bruts furent exclus, et les fers déjà travaillés taxés à 16 fr. 50 cent, par 100 kilogrammes.

On prohiba les produits des raffineries qui avaient cessé d'être françaises. Les fils et tissus étaient soumis à un régime étrange. Le règlement de 1806, en leur accordant un tarif protecteur, avait laissé subsister les prohibitions absolues prononcées pendant la fièvre révolutionnaire contre les fabrications des pays en guerre contre la France. La loi funeste de l'an V, qui pendant dix-huit ans avait affranchi nos manufactures de la concurrence britannique, se trouvait abrogée de fait par la paix ; mais pendant cette période les industries anglaises, surtout celles de coton, avaient acquis une supériorité décisive. Il eût été cruel de livrer tout à coup nos manufacturiers aux périls d'une concurrence écrasante : on ne pouvait pas non plus laisser en dehors du droit commun l'Angleterre, dont le gouvernement de la restauration devait rechercher la bienveillance. Il y avait un moyen d'écarter les Anglais sans trop les blesser : c'était de généraliser les lois d'exclusion, d'appliquer à tous nos alliés en pleine paix le règlement qui n'avait été jusqu'alors qu'une arme de guerre contre les ennemis. « Quelques jours de prohibition seulement, disaient nos fabricans par la voix de M. Émeric David, rapporteur du projet de loi à la chambre des députés, quelques jours de répit pour nous laisser le temps de nous reconnaître et de nous mettre sur la défensive ! »

Les quelques jours furent accordés, et c'est ainsi que la prohibition, qui n'avait été depuis 1790 qu'un accident, entra d'une manière avouée dans la législation douanière.

Si les cent-jours ont laissé trace dans notre histoire économique, c'est par contre-coup. Humiliés de la défection presque générale de ce peuple qu'ils connaissaient si peu, les royalistes étaient revenus animés d'une sourde colère, bien résolus à ne plus marchander avec l'opinion et à imposer d'autorité les institutions ou les expédients de nature à protéger le trône. Le moyen le plus simple en apparence était de créer autour du monarque une phalange conservatrice, d'adosser le trône à une aristocratie, comme disait le général Foy avec son énergique concision. « Sans privilèges, la pairie est un mot vide de sens, écrivait Chateaubriand dans son célèbre ouvrage de *la Monarchie selon la Charte* ; il manque à la chambre des pairs des privilèges, des honneurs, de la fortune, » et la plus grande partie du livre semble être le commentaire de ce passage. Mais une aristocratie vigoureuse, apte à jouer un rôle politique, ne s'improvise pas. Il faut qu'elle ait ses racines dans une tradition respectée, et qu'elle puise sa sève dans un subtil agencement d'intérêts. Le public de 1815 était trop en garde contre le retour de l'ancien régime pour qu'il fût facile de reconstituer ostensiblement des privilèges ; d'ailleurs le principe de la nouvelle loi électorale, le cens à 300 francs d'impôts directs, était un germe de mort pour une noblesse politique telle que la concevait la monarchie restaurée.

Les hommes d'état du jour, bien qu'ils eussent les yeux incessamment tournés vers l'Angleterre, n'avaient pas vu ce qui faisait la force de l'aristocratie britannique. Celle-ci était forte, non pas parce qu'elle formait un corps spécial dans l'état, mais parce qu'elle était assez représentée dans la seconde chambre pour y défendre ses prérogatives. Les députés des comtés étaient en grande partie les siens, surtout à l'époque des bourgs pourris. L'industrie, le commerce, la science avaient plus particulièrement pour organes les députés des villes, des bourgs, des universités. Bien que cette combinaison ait été profondément altérée par l'effet des diverses réformes électorales, elle subsiste en principe, protégée par un respect traditionnel.

En France au contraire, où le cens de 300 francs était la

seule condition de l'électorat, il n'y avait pas de place dans la seconde chambre pour une représentation spéciale de l'élément aristocratique. En raison de son origine, la députation devait tendre à représenter d'une manière exclusive un seul intérêt, celui des parvenus de la classe moyenne, de ce groupe qui s'est tiré de la foule et qui aspire à s'isoler encore. Une classe appelée par la force des choses à composer toujours la majorité dans la chambre élective est souveraine dans toute l'ampleur du mot, et quand elle fait des concessions politiques au pouvoir exécutif, c'est que celui-ci lui fait des concessions d'intérêt matériel. Le gouvernement des classes moyennes, comme on a dit longtemps, était en théorie une conception séduisante. Dans ces régions intermédiaires de la société se trouvent plus qu'ailleurs le savoir, l'expérience, la décence dans la vie privée, l'indépendance de fortune, la notion des choses politiques. Tout serait pour le mieux, si les assemblées délibérantes n'avaient à discuter que des problèmes de droit public. Malheureusement à côté de la politique proprement dite, où la conscience est éclairée et le patriotisme inflexible, il y a une large place pour les questions intéressant la production, le crédit, le négoce, et sur ce terrain le tribun de la veille redevient sans s'en douter agriculteur ou industriel, banquier ou notaire. Ce contraste est surtout frappant dans les annales parlementaires de la restauration. Rien de plus passionné, de plus émouvant qu'un débat politique où un grand principe est en cause, et à cet égard nos pères pouvaient être fiers de ce système électoral qui donnait à la liberté des théoriciens si éloquents, des lutteurs si énergiques. L'ordre du jour du lendemain appelait-il une question de douane ou de fiscalité industrielle, les deux camps se rapprochaient instinctivement et se trouvaient d'accord pour la régler. Manuel votait ce jour-là avec M. de La Bourdonnaye. Ainsi alternaient en s'emboîtant pour ainsi dire l'une dans l'autre deux catégories de séances, les unes retentissantes et qui seules ont laissé des souvenirs, les autres si calmes que les historiens les ont à peine mentionnées. Dans ces dernières séances cependant étaient en germes la plupart des gros événements accomplis depuis une douzaine d'années sous nos yeux.

Un des plus curieux exemples de cette incurie en matière économique vient ici à sa place. À l'origine du consulat, on avait imaginé, sous prétexte de discipline, de soumettre à l'obligation du cautionnement les officiers ministériels en même temps que les agents financiers. Cette mesure n'était pas autre chose qu'un emprunt déguisé ; le gouvernement du moins n'avait pas aliéné sa liberté, et on aurait pu modifier les cadres de ces corporations sans violer aucun droit. En 1815, les embarras financiers n'étaient pas moins grands qu'au commencement du siècle. On avait à la vérité un embryon de budget, mais les charges extraordinaires étaient écrasantes. Outre l'ancien arriéré, grossi du déficit de 1814 et de 100 millions pour une nouvelle contribution de guerre remboursable, il fallait assouvir les armées ennemies qui devaient occuper notre territoire pendant cinq ans. Le ministre Corvetto, réduit à faire argent de tout, eut l'idée, en dressant le budget de 1816, d'ajouter 50 millions au chiffre ordinaire des cautionnements. Les agents du trésor, dont les appointements sont augmentés en conséquence, se résignent aisément ; mais les officiers ministériels rétribués par le public, les notaires, avoués, avocats aux conseils, greffiers, huissiers, agents de change, courtiers de toute nature, commissaires-priseurs, éclatent en lamentations. Comment pourront-ils compenser l'intérêt d'un cautionnement doublé ? Si du moins on leur permettait *de présenter leurs successeurs* ? — Qu'à cela ne tienne, répond la chambre introuvable, et on inscrit dans la loi des finances de 1816 le droit qu'auront les officiers ministériels de transmettre leurs charges aux gens de leur, choix. Ainsi se trouve rétablie la vénalité des offices, un des graves abus de l'ancien régime que l'assemblée constituante avait fait disparaître. D'un trait de plume et sans qu'on y songe, on écorne la liberté industrielle, on ferme au profit de vingt-cinq mille privilégiés des carrières qui devraient rester ouvertes à la concurrence ; on crée par le trafic des offices un capital fictif d'environ deux milliards, dont l'intérêt grèvera toutes les transactions à perpétuité.

Ne nous plaignons pas trop des introuvables ; ils auraient pu faire pis encore, rétablir « le droit royal travailler, » c'est-à-dire les jurandes et les maîtrises ; quelques fanatiques les y poussaient. Un député, M. de Rougé, avait pris l'initiative d'un projet en ce sens, et un avocat de Paris, nommé Le Vacher Duplessis, courait les boutiques pour recueillir des signatures. On s'autorisait d'un projet de loi élaboré en 1813 et oublié dans les cartons d'un ministère, d'après lequel les marchands auraient été invités à racheter l'impôt des patentes au prix de 100 millions, mais avec la clause d'un rétablissement des corporations industrielles comme moyen de discipline. Le projet ne prit pas de consistance ; la chambre de commerce de Paris, qui s'est toujours distinguée par ses tendances libérales, contribua beaucoup à le faire avorter. Elle eut aussi l'honneur de faire abandonner un projet d'impôts spéciaux sur les transports et la meunerie, sur la vente à l'intérieur des fers, des cuirs, des papiers, des huiles, des tissus.

À l'arriéré des anciens budgets, aux frais d'entretien des armées étrangères était venu s'ajouter le tribut de 700 millions exigé par les vainqueurs, faible indemnité des sommes qui avaient été prélevées sur eux pendant vingt ans. Le passif exigible vers 1816 atteignait 1,200 millions. La somme était effrayante pour l'époque. La chambre introuvable, engouée de son projet de dotation en faveur du clergé, avait inquiété les capitalistes en reprenant les forêts affectées à la garantie des créances arriérées. Toute sorte de colères enflammaient les esprits, et la disette était menaçante. L'avantage de la France était de n'avoir pour ainsi dire pas de dette publique : 63 millions de rentes seulement étaient inscrits à son grand-livre. Tout le monde invoquait le crédit, et personne n'y avait foi. Les financiers accrédités, le duc de Gaëte, le marquis Germain Garnier, ne croyaient pas qu'il fût possible d'exécuter un emprunt normal. Le ministre Corvetto ne trouvait pas à négocier raisonnablement 6 millions de rentes qu'on avait mis à sa disposition comme ressource extraordinaire. On se ralliait cependant à un plan de crédit proposé par Laffitte, mais sans y compter beaucoup. Un grand remueur d'affaires chez qui la dextérité dans le tour de main devenait parfois du génie, Ouvrard, rompit la glace et donna l'impulsion. Il imagina de payer les étrangers avec leur propre argent, c'est-à-dire de faire accepter aux puissances créancières de la France les rentes offertes par l'entremise des maisons Hope et Baring, qui se chargeraient de les négocier. Il connaissait assez bien son monde financier pour savoir que les capitalistes de Paris se précipiteraient sur la rente française dès qu'ils la sauraient prise par les grands banquiers de Londres et d'Amsterdam. Si la conscience d'Ouvrard est restée chargée de quelques peccadilles financières, il mérite l'absolution pour le grand service qu'il a rendu à la France en cette occasion. À part le succès politique, la rente française est devenue depuis cette époque une valeur des plus recherchées. Les diverses négociations en 5 pour 100 faites avant 1830 se sont élevées du chiffre de 57 francs 51 centimes, accepté par MM. Hope et Baring, jusqu'à 89 francs 55 centimes. Les bénéfices réalisés entre cette marge par les grands banquiers ont formé des accumulations de capitaux qui sont venus s'immobiliser dans l'industrie française et l'ont régénérée.

J'ai dit que le gouvernement royal, à son avènement, s'était défendu de s'engager en matière de douane, se réservant d'élaborer un système à loisir. À travers les luttes politiques de la seconde restauration, sa liberté d'action se trouva plus enchaînée que jamais. D'une part, il était dominé par l'idée fixe de constituer une noblesse conservatrice qui lui fournît un point d'appui, et de l'autre le mécanisme électoral le subordonnait de plus en plus à la domination des grands chefs d'industrie. Ces deux influences, quoique hostiles, le poussaient dans la voie du système prohibitif : il en connaissait vaguement les écueils, et il désirait les éviter ; mais il était faible, et le peuple, indifférent à ces problèmes, ne le soutenait pas plus sur le terrain de l'économie sociale que sur celui de la politique. Le pouvoir s'en tint donc à un système dont M. de Saint-Cricq, directeur-général des douanes, a fourni la brillante expression. On condamna la prohibition comme principe permanent, mais on reconnut la justice et l'opportunité d'une protection pour l'industrie nationale. La différence était dans les mots plus que dans les choses. Les industriels ne se croient suffisamment protégés que lorsqu'ils sont affranchis de l'effort et mis à l'abri de la concurrence.

On ne procéda pas d'abord en vertu d'un plan d'ensemble. Les projets soumis aux chambres jusqu'en 1820 semblent être des concessions faites à des importunités. Ainsi dès 1816 les fabricants de tissus se font autoriser à employer les agents de la douane pour rechercher et saisir jusque dans les ateliers des confectionneurs et des marchandes de modes les étoffes qui ne sont pas d'origine française. Cette rigueur exceptionnelle a perpétué et fortifié en leur faveur la prohibition, qu'ils n'avaient sollicitée que pour quelques jours. Les ports de mer obtiennent que les denrées coloniales ne soient pas introduites par voie de terre. Bien que nos tréfileries ne puissent pas fournir la quantité de fil métallique destiné à la confection des épingles, elles font élever à 1 franc par kilo le droit sur les laitons étrangers. Chaque localité, chaque industrie introduit à tour de rôle sa petite demande, et la majorité enchérit presque toujours sur les concessions du ministère.

Les agriculteurs n'étaient pas les derniers ni les moins ardents à réclamer la protection. Les doléances dont ils fatiguaient les deux chambres n'étaient pas désagréables à la monarchie restaurée : cela autorisait son espoir de trouver son point d'appui dans une espèce d'aristocratie territoriale. Lorsqu'en 1819 M. Decazes présenta le projet qui était la première ébauche de l'échelle mobile, il déclara franchement que « la disposition de la loi était essentiellement calculée dans l'intérêt de la propriété. » L'idéal du jour était d'assurer aux grains un prix « rémunérateur », c'est-à-dire assez élevé pour que le propriétaire pût être plus exigeant avec ses fermiers, ou vendre son fonds avec plus d'avantage. La mobilité des tarifs devait agir de manière que l'importation et l'exportation fussent alternativement favorisées ou empêchées à mesure que les cours des marchés publics s'éloigneraient plus ou moins du taux considéré comme normal. Il avait été constaté dans les ports de la Méditerranée que, sur cent quarante navires apportant les grains de la Mer-Noire, dix seulement étaient français. Que vont faire les armateurs de Marseille, de Toulon et de Cette ? Aviseront-ils aux moyens de naviguer aussi économiquement que les Grecs et les Génois ? Il est bien plus simple de demander à la chambre que la navigation étrangère soit surtaxée ? Les propriétaires accueillent d'autant mieux la demande des armateurs, qu'une surtaxe de 1 franc 25 centimes par hectolitre de grains ou de 2 francs 50 centimes par quintal de farine est un obstacle de plus à la concurrence étrangère.

C'était encore une pensée bien chimérique que celle d'établir une féodalité agricole, ayant pour base, comme en Angleterre, le monopole des grains. Le domaine cultivable est limité chez nos voisins et partagé entre un assez petit nombre de familles opulentes qui, avant la réforme, n'avaient pas de concurrence à craindre et restaient maîtresses des prix. En France au contraire, il y avait beaucoup de terrains disponibles, et il était naturel que la culture des céréales s'étendît sous l'illusion des prix séduisants que la loi assurait. Cette émulation, coïncidant avec des saisons favorables, amena une abondance décourageante. Les fermiers voyaient avec effroi les prix de vente baisser au milieu d'une tendance générale à l'augmentation des fermages. Stupéfaits d'un pareil phénomène, les inventeurs de l'échelle mobile se persuadèrent que la machine ne fonctionnait pas avec assez d'énergie, et qu'il fallait la fortifier. Le double vote venait d'être introduit dans la constitution. La grande propriété territoriale était devenue prépondérante dans les deux assemblées ; on prit à tâche de remanier l'échelle mobile, et elle sortit de cette seconde élaboration avec une force presque prohibitive. Il est juste de rappeler au surplus qu'à l'exception de Benjamin Constant et de Voyer d'Argenson, qui furent très énergiques, la gauche et la droite restèrent le plus souvent à l'unisson. C'est dans une de ces mémorables séances qu'un grand manufacturier membre de l'opposition, Humblot-Conté, émit ce principe, aussi faux qu'inhumain, que le bas prix des vivres engendre l'indolence chez les ouvriers, et qu'il est bon que la cherté les enchaîne au travail. En somme, on admit une forte élévation de l'échelle régulatrice des prix, pour réduire à presque rien la concurrence des grains étrangers. La loi fut votée à une grande majorité par les députés, à l'unanimité et sans discussion par les pairs.

La loi sur les céréales n'ayant pas les vertus qu'on en attendait, les grands propriétaires se retranchèrent sur un terrain où ils ne pouvaient plus être suivis par les cultivateurs nécessiteux, qui se comptent chez nous par millions. Ils réclamèrent la protection comme producteurs de viandes, de laines, de cuirs, de suifs. En 1822, le gouvernement ayant proposé un droit de 30 francs par tête sur les bêtes à cornes et les chevaux, la commission de la chambre l'éleva à 50 francs, en regrettant de ne pouvoir faire davantage. Le droit à l'entrée des suifs passa proportionnellement de 2 fr. 50 cent. et 5 francs par quintal, suivant le mode d'importation, à 15 et 18 francs. Les laines étaient restées jusqu'en 1820 sous l'empire d'une tradition remontant à Colbert, et que pour cette raison la restauration aurait voulu respecter : on empêchait la sortie des laines au profit des manufactures de draps. L'intérêt agricole, se sentant la consistance d'un parti politique, commença à réagir énergiquement contre cette combinaison. Il réclamait non-seulement le droit de vendre ses laines à l'extérieur, mais encore des entraves à l'introduction des laines étrangères, meilleures que les siennes. Là-dessus, grand débat entre les éleveurs de moutons et les fabricants de tissus. Imaginez les angoisses et les périls des ministères entre ces anciens seigneurs du sol, que la monarchie considère comme ses alliés naturels, et les nouveaux seigneurs de l'industrie, invoquant Colbert et Napoléon, montrant derrière eux leur clientèle d'électeurs à 300 francs ! Après six ans de luttes, de compromis, de remaniements des tarifs, les producteurs réconciliés signèrent la paix sur le dos des consommateurs. On restreignit l'entrée des laines par un droit de 30 pour 100 sur la valeur ; en même temps on accorda aux fabricans de tissus des primes d'exportation proportionnelles à la plus-value factice des laines indigènes. Les primes, devant être acquittées sans justification préalable des droits perçus à l'entrée, étaient, non pas le *drawback* ordinaire, mais de véritables subventions. Ainsi l'industriel gagnait doublement, puisqu'il pouvait vendre sa marchandise cher à l'intérieur au moyen de la prohibition et bon marché à l'étranger au moyen de la prime payée par les contribuables français.

Je glisse sur plusieurs tarifs protecteurs obtenus par l'industrie agricole pour les fromages, le houblon, le chanvre et le lin. Ce que protection voulait dire, M. de Bourrienne l'a expliqué assez naïvement, parlant comme rapporteur d'une des lois que je viens de résumer : « Le législateur, en frappant d'un droit à l'importation certains objets, a pour but qu'il n'en entre point ou le moins possible. » On peut encore attribuer à l'influence du parti agricole, c'est-à-dire aux propriétaires de forêts, le remaniement de la législation concernant la métallurgie. La phalange des ducs, marquis ou comtes qui, dès 1814, avaient entouré le trône à peine relevé pour demander l'exclusion des fers étrangers s'était sans doute fortifiée vers 1822. À cette époque, la fabrication française était stationnaire depuis un quart de siècle : tout se faisait au bois et au marteau. Les gros fers de première qualité se cotaient 600 francs la tonne. En Angleterre, la fonte et l'affinage se faisaient à la houille, l'étirage au laminoir : les fers étaient cotés 230 francs au plus. Quand une industrie se montre inférieure à ce point, est-ce en l'isolant par la protection qu'on peut la relever ? Le problème est d'une solution moins difficile qu'il ne paraît au premier abord. Ou le pays a des ressources pour l'industrie négligée, ou il n'en a pas.

Dans ce dernier cas, ce qu'il y a de mieux à faire est de ne pas se raidir contre la nature des choses. Si au contraire les circonstances sont favorables, les étrangers ne manquent pas de venir pour en tirer parti. Les Anglais avaient probablement bonne idée de nos ressources métallurgiques, puisqu'ils commençaient à venir pour les exploiter. Ils élevaient des usines à l'embouchure des grandes rivières, à Nantes, à Rouen, à Bordeaux. Nos maîtres de forges leur reprochaient avec un aveuglement jaloux de n'emprunter à la France que son sol, d'amener d'Angleterre les capitaux, les outils, les fontes, les ouvriers. Il aurait fallu les remercier : c'étaient des professeurs qui venaient nous instruire, et dont les leçons méritaient d'être payées.

La spéculation des étrangers qui venaient s'établir chez nous avait pour base la différence dans les prix de la fonte anglaise obtenue à la houille et de la fonte française au bois, ce qui, avec des procédés perfectionnés pour l'affinage et l'étirage, promettait de beaux bénéfices. La loi douanière de 1822 renversa cette combinaison. Le ministre, cédant aux sollicitations, avait consenti à présenter un projet augmentant le droit sur les fontes de 22 à 88 francs et le droit sur les gros fers de 165 francs à 246 francs la tonne. La commission, toujours poussée à enchérir sur le gouvernement, éleva les droits à 99 francs sur les fontes et à 275 francs pour les fers, ce qui frappait d'une augmentation d'environ 120 pour 100 la valeur naturelle des articles anglais. Les divers produits ayant le fer pour élément étaient surtaxés dans la même proportion. Un mémoire de Héron de Villefosse, un de ces vieux écrits qu'on aime à relire, parce que la science s'y présente avec les caractères d'une profonde honnêteté, nous permet d'apprécier les résultats de cette tarification nouvelle. Dans la supposition qu'une industrie vitale affranchie, ou à peu près, de la concurrence devait donner de gros bénéfices, les capitalistes s'y étaient précipités avec entraînement. On estime à 30 ou 40 millions les sommes aussitôt offertes pour fonder des usines. Comme les spéculateurs sont impatiens de jouir, on consacra presque tous ces capitaux à l'opération la plus facile : on multiplia les forges à la houille et au laminoir. L'essentiel aurait été le traitement de la fonte à la houille ; mais cette opération exige une installation longue et dispendieuse : elle ne devient avantageuse que lorsqu'on a la houille à très bas prix, soit qu'on la trouve sur place, soit qu'on dispose d'une bonne canalisation. En 1822, ces conditions n'étaient pas faciles à réaliser : il se forma très peu de hauts-fourneaux suivant la méthode anglaise. À défaut de fonte au charbon de terre, les nouvelles affineries se disputèrent les fontes au charbon de bois, qui atteignirent des prix excessifs. La multiplication des usines, au lieu d'abaisser les prix des fers, ne servit ainsi qu'à les exagérer. A. qui profita la hausse ? Aux propriétaires de forêts, qui tenaient toute la fabrication, puisque sans eux on ne pouvait pas faire de fonte. Le prix du bois doubla dans les deux ou trois années qui précédèrent 1826. Or, comme le revenu net des forêts, y compris celles de l'état et des communes, était évalué avant la hausse à 85 millions de francs, on peut se faire une idée de l'augmentation de revenus assurés à la propriété forestière par la loi destinée en apparence à développer l'industrie des fers.

On voit la tendance : il n'est pas nécessaire d'épuiser la série des mesures prises pour forcer le consommateur français à payer cher des articles qu'il aurait pu obtenir de l'étranger à bon marché. Un jour on repousse par des prohibitions ou des droits excessifs les cachemires, les soieries, les nankins, les tissus d'écorce venant de l'Asie, un autre jour les produits chimiques, les aciers, les machines, les menus outils. Ce serait encore une curieuse histoire que celle des prétentions contradictoires, des demandes qu'il n'a pas été possible d'accueillir. Les admirateurs fanatiques du passé, qui ne manquaient pas dans nos assemblées, regrettaient le système colonial de l'ancienne France : peu s'en fallut qu'ils n'obtinssent la prohibition absolue des sucres étrangers. On refoula ces sucres en 1822 par une surtaxe de 55 centimes par kilo, qui infligea aux consommateurs un surcroît de dépense annuelle évalué à 12 millions.

Un tel régime commercial, qui repoussait autant que possible les articles étrangers et tendait à caserner notre industrie à l'intérieur, avait des effets déplorables pour la navigation marchande. Les transports ne deviennent nombreux qu'en raison du bon marché, et comment naviguer à bon marché, si les élémens du fret sont insuffisans, s'il faut payer plus cher que les concurrents les objets nécessaires pour la construction et l'armement des navires. Comme il y avait un grand intérêt national à ne pas laisser dépérir la marine marchande, on lui accordait tous les dédommagements qu'elle s'avisait de demander : le monopole du cabotage, le droit exclusif d'apporter les denrées coloniales, des prélèvements sur le tonnage des vaisseaux étrangers, un agencement de tarifs différentiels, des primes en argent pour la pêche lointaine et l'interdiction d'importer les poissons de pêche étrangère. La chimie étant parvenue à dégager les matières colorantes des bois de teinture, les manufacturiers se contentaient d'introduire ces extraits, qui pesaient infiniment moins que la matière brute ; nos armateurs les firent prohiber, afin de conserver le fret que leur procurait le transport des bois. Ayant obtenu vers 1820 que les vaisseaux des Américains fussent surtaxés, ceux-ci suspendirent leur envoi de coton, et il fallut pendant quelque temps aller chercher cette matière indispensable à nos manufactures dans les entrepôts de l'Espagne et de l'Angleterre [2].

Après la loi du 17 mai 1826, le régime prohibitif se trouva complété chez nous. Il préexistait dans les instincts de notre population industrielle, et il avait été préparé par diverses mesures des gouvernements antérieurs. Le gouvernement de la restauration le constitua à l'état de doctrine politique. Il serait peut-être bien rigoureux d'en faire un grief contre lui. Propriétaires, commerçants, manufacturiers, armateurs, compagnies financières, comités industriels, chambres de commerce, la droite et la gauche parlementaires, la publicité presque sans exception, exerçaient sur lui une pression incessante. À toutes les belles phrases sur la protection du travail national, sur l'affranchissement des tributs payés à l'étranger, la foule sans nom et sans voix ne savait qu'applaudir. D'ailleurs l'industrie prenait à vue d'œil un essor qui pouvait faire illusion. Elle accomplissait depuis 1820 un mouvement de transformation des plus curieux. Renonçant à ces bénéfices de 20 ou 30 pour 100, qui lui rapportaient peu en définitive, parce qu'on ne vendait pas beaucoup, elle adoptait les moteurs puissans, perfectionnait son outillage ; elle s'organisait, suivant la méthode anglaise, pour produire beaucoup et s'enrichir par de petits bénéfices sur des objets à bon marché vendus par grandes masses. Les usines de tout genre qu'on improvisait, les canaux à creuser, les compagnies financières, la nouveauté de grands emprunts réalisés facilement, l'amélioration des finances publiques, les progrès évidents du bien-être, entretenaient une animation séduisante. Pour se défier du système, il fallait être un de ces rêveurs qui poussent à bout leurs analyses impitoyables en dépit des préjugés et des apparences.

Cependant, à partir des deux dernières années de la restauration, le doute commençait à se glisser dans les conseils du gouvernement. On entrevoyait que si l'on continuait à surévaluer d'un côté les aliments, de l'autre les étoffes, ici les bois et là les fers, il résulterait de tout cela un enchérissement général qui ne serait peut-être point toujours compensé par de bons salaires. L'étranger entrait d'ailleurs dans la voie des représailles : l'Espagne, la Suisse, le Piémont, la Hollande, la Prusse, la Bavière, Bade, le Wurtemberg, la Suède, répondaient à nos prohibitions en repoussant nos vins et nos soieries. À un autre point de vue, il devenait évident que la bourgeoisie industrielle, imprégnée des idées libérales, ne tarderait pas à être prépondérante, même dans l'ordre politique. Malgré le double vote, chaque élection lui faisait une place plus large dans la chambre. Le producteur, opposé comme type au privilégié oisif, fournissait aux journaux un argument de polémique, et le beau rôle dans les vaudevilles était toujours pour le brave colonel devenu banquier ou maître de forges. Une inquiétude jalouse gagna donc le pouvoir. Il eut la velléité de réagir. M. de Saint-Cricq, appelé au ministère de l'intérieur par M. de Martignac, institua dès 1828 une commission d'enquête chargée de rechercher si l'on n'avait pas poussé jusqu'à l'excès le principe de la protection. Cela n'aboutit qu'à la présentation d'un projet de loi dont la discussion fut éludée par des ajournements successifs. Il y avait en ce moment recrudescence de fièvre politique : les seuls problèmes capables de passionner la foule étaient ceux qui touchaient à l'existence de la dynastie, et les conflits industriels ne furent pour rien dans la révolution qui renversa les Bourbons de la branche aînée.

## II — Monarchie parlementaire

La révolution de 1830 allait transférer la puissance effective à la bourgeoisie constitutionnelle, qui était en possession de la popularité depuis dix ans. Cette souveraine apportait, comme don de joyeux avènement, la négation du droit divin, l'abolition de la pairie héréditaire, la suppression du double vote, l'abaissement du cens électoral à 200 francs et de la limite d'âge à vingt-cinq ans, une réduction de moitié dans le cens d'éligibilité, la responsabilité ministérielle, l'initiative des projets de loi rendue aux deux chambres en partage avec le roi, des garanties pour la liberté de conscience par l'abolition de la religion d'état et de la loi du sacrilège, l'application du jury aux délits de presse et aux délits politiques. À cette époque, le pays, pris dans son imposante majorité, ne voyait guère au-delà de ce programme. Quant à la portée économique de ces changements, à leur influence sur les phénomènes commerciaux, on s'en inquiéta peu. Le monde politique n'avait pas pour habitude de se placer à ce point de vue pour envisager les faits. À part peut-être quelques rêveurs laissés à l'écart comme des sectaires, on ne remarqua pas tout d'abord que l'abaissement du cens à 200 francs, en amenant sur le terrain politique plus de cent mille électeurs recrutés dans la clientèle de la grande industrie, allait prêter une force irrésistible au régime commercial qui excitait déjà de nombreuses réclamations, quoiqu'il n'eût encore que peu d'années d'existence.

Le gouvernement de juillet ne tarda pas à éprouver les inconvénients de cette prépondérance : loin de la favoriser, comme on l'en a accusé, il aurait bien voulu pouvoir la restreindre ; on va même voir que la résistance timide, abandonnée aussitôt qu'essayée, a été, au point de vue économique, le caractère distinctif du règne. Les tentatives pour relâcher les rigueurs du régime commercial et limiter autant que possible le terrain conquis par le monopole se renouvellent fréquemment pendant les premières sessions : elles sont à chaque fois paralysées ou faussées par des majorités compactes et résolues. Trois projets concernant les douanes sont introduits, en décembre 1831, par M. d'Argout, en décembre 1832 et février 1834, par M. Thiers. On les met à l'étude dans les bureaux, on leur consacre de volumineux rapports qui, par une sorte de fatalité, arrivent toujours trop tard pour être discutés utilement.

L'échelle mobile pour le commerce des grains avait donné des résultats tout contraires à ceux qu'on avait annoncés. Pendant la série des bonnes récoltes (1821-1826), elle n'avait pas empêché l'avilissement des prix ; dans les années médiocres ou mauvaises

(1827-1830), le pouvoir avait remarqué qu'elle créait un danger en faisant obstacle aux importations devenues nécessaires. On avait dû la suspendre par ordonnance en 1830, avec promesse de soumettre la loi à la révision. En effet, le gouvernement proposa en 1832 des combinaisons nouvelles qui, sans supprimer les tarifications arbitraires, élargissaient beaucoup le champ de la concurrence. Quelques orateurs d'un libéralisme trop éclairé pour faire fausse route en pareille occasion, MM. le duc d'Harcourt, Duvergier de Hauranne, Alexandre de Laborde, firent entendre des paroles aussi sensées que généreuses. Il suffit pour les effacer de ces mots prononcés par M. de Saint-Cricq : « Le jour où la chambre et le gouvernement auront abandonné la protection de l'industrie agricole, ce jour-là sera la veille de celui où ils abandonneront la protection de tous les produits industriels. » Le rapporteur, M. Charles Dupin, rassura les consciences indécises en affirmant que le prix des salaires est toujours en rapport avec celui du pain, et que le prolétaire n'a qu'à perdre à l'abaissement du prix des blés, doctrine contraire à l'évidence, mais que les prohibitionistes ont trouvée bonne, et qui est restée dans l'arsenal de leurs armes défensives. La timide réforme essayée par le gouvernement fut donc repoussée, et on revint à l'ancienne échelle mobile, avec quelques modifications plus apparentes que réelles. On supprima par exemple la prohibition que le système antérieur admettait en certains cas, mais on modifia les chiffres régulateurs de manière à ce que les entrées et les sorties de grains ne fussent pas plus faciles que par le passé. Ainsi amendée pour un an seulement et à titre d'essai, la législation de 1832 n'en a pas moins été maintenue jusqu'au commencement de la présente année.

En 1834, M. Duchâtel étant ministre, le gouvernement prend à tâche de résoudre un problème qu'il a sans doute formulé ainsi : « chercher le point ou la prohibition pourrait être supprimée, tout en conservant à l'industrie une protection assez efficace pour ne pas jeter l'alarme et la désunion au sein des majorités parlementaires. » On se flatte d'éclairer doucement les esprits et de trouver un point d'appui dans l'opinion, en ouvrant une grande enquête à la manière anglaise. À cette annonce, une sorte de coalition s'ourdit instinctivement. Les chambres de commerce font entendre un concert de doléances. Les plus modérées sont celles qui veulent bien admettre une réforme lentement progressive ; mais à Rouen, Lille, Amiens, Saint-Quentin, Reims, Mulhouse, les chambres officielles et les comités particuliers protestent énergiquement contre toute modification au régime en vigueur. On intimide le pouvoir en affirmant que la réduction du travail national, amoindrissant le prix de la main-d'œuvre, aurait pour effet d'augmenter l'effervescence déjà trop redoutable de la classe ouvrière. La chambre de Roubaix ose terminer son manifeste par ces mots : « Souvenez-vous surtout qu'un salaire abaissé a deux fois soulevé Lyon ! » L'enquête est commencée sous cette impression de crainte. À propos des fers et des charbons, des tissus et des poteries, on interroge seulement des maîtres de forges et des propriétaires de mines, des filateurs et des faïenciers. Ceux-ci répondent presque généralement par des données statistiques présentées de manière à démontrer que l'industrie française s'exerce dans des conditions d'infériorité, et qu'elle doit rester sur la défensive, humblement repliée sur elle-même.

Un honorable ingénieur racontait, il y a peu de jours, qu'ayant été appelé par un filateur des environs de Rouen, décédé aujourd'hui, celui-ci le conduisit dans une chambre basse et dégradée où se trouvait un vieux métier hors de service. « C'est dans cette pièce, dit-il, que j'ai commencé mon établissement. Ce métier était le seul que j'eusse alors. Je le manœuvrais moi-même et je couchais à côté sur un matelas. Aujourd'hui j'ai quatorze fabriques, et il y en a dont l'installation m'a coûté plusieurs millions. » Tout en faisant une large part au mérite personnel de ce fabricant et aux circonstances qui l'ont pu favoriser, on avouera que notre système douanier a dû être pour quelque chose dans sa fortune. Il m'a semblé curieux de rechercher quelle avait été sa contenance dans l'enquête de 1834. Cette question lui est posée : « Pensez-vous que la prohibition puisse être remplacée par un droit calculé de manière à protéger notre industrie contre la concurrence étrangère ? » Voici la réponse : « Je ne pense pas que ce moyen soit bon, nous ne sommes pas en position d'établir nos produits à aussi bas prix que nos voisins. Le droit protecteur qu'on nous propose ne nous mettrait pas à l'abri de la fraude. D'ailleurs un grand nombre d'établissements de filatures n'auraient pas été construits, si les propriétaires n'avaient compté sur la prohibition du système qui nous régit. » Cette réponse résume toutes celles qui ont été faites dans l'enquête de 1834 ; elle nous fait toucher du doigt le fait essentiel : les fabriques qui s'élèvent, non pas parce qu'elles sont dans des conditions naturelles d'existence, mais en vue des prix fictifs résultant de la législation.

Ainsi s'évanouit l'espoir de frapper la prohibition dans son principe, de procéder régulièrement aux réformes. L'art de grouper les intérêts industriels dans les chambres comme l'art de mettre en relief les misères de l'atelier entrent pour beaucoup dans la tactique des partis. Sur toutes ces questions, les hommes que la politique réunit dans les cabinets sont loin d'avoir des idées nettes et homogènes. L'urgence de remanier un règlement ou un tarif se fait-elle sentir, c'est la pression la plus forte qui l'emporte ; il en résulte une certaine incohérence dans les mesures économiques qui se succèdent. En 1836, au moment où l'établissement des voies ferrées est mis à l'ordre du jour, le gouvernement fait adopter une réduction d'un cinquième sur le tarif des fers à la houille ; mais la chambre maintient l'ancien tarif pour les fers au bois. La commission aurait même voulu qu'on abaissât à 5 francs par 100 kilos le droit sur les rails, que nos usines ne peuvent pas encore fournir. Pour faire avorter cette motion, M. Thiers n'a qu'à s'écrier avec une entière assurance que l'on aurait assez de rails chez nous, et qu'il trouverait beau que la France arrivât à construire cinq lieues de chemin de fer par année. Les manufacturiers de Lille et de Rouen protestent contre l'introduction des filés fins, autorisée par ordonnance ministérielle, mais ils obtiennent des facilités pour l'achat des charbons. Le gouvernement, constatant renchérissement de la viande, voudrait bien abaisser les droits et substituer la taxe au poids à la taxe par tête. Les protectionnistes se rallient à la voix du maréchal Bugeaud, qui s'écrie qu'une invasion de bestiaux étrangers serait plus funeste qu'une invasion de Cosaques ! Bref, les conflits d'intérêts se renouvellent sans cesse ; mais au lieu d'amener des débats de principes, ils deviennent des batailles pleines de hasards.

Vers 1840, la prohibition existait chez nous de droit ou de fait par l'exagération calculée des taxes protectrices. Or quel est l'effet de la prohibition dans l'économie intérieure d'un pays ? C'est de déterminer une augmentation de prix égale à la plus-value de chaque article comparativement au prix que paierait le consommateur, s'il était libre de s'approvisionner en tous lieux et sans entraves. On a calculé par exemple que de 1815 à 1857 inclusivement la France a payé pour ses fers 2,499,600,000 francs au-delà de ce que les mêmes fers auraient coûté sur les marchés anglais. Ce serait une plus-value de 58 millions par année. Ce calcul n'est pas d'une exactitude rigoureuse. Dans l'hypothèse d'une liberté générale et absolue, si tous les peuples allaient demander le fer au pays qui le produit au meilleur marché, il est certain que le prix de vente se relèverait en ce pays, et atteindrait bientôt un niveau qui permettrait aux autres peuples d'entrer en concurrence. Il est donc exagéré d'évaluer à 58 millions par an la plus-value payée par la France à ses métallurgistes ; mais il n'en est pas moins vrai que la dépense pour l'usage du fer a excédé de beaucoup ce qu'elle aurait dû être, et on concevra sans peine qu'un sacrifice analogue, répété pour chaque objet de grande consommation, était de nature à porter le trouble dans l'économie nationale. Cette cherté relative et toujours croissante était trop évidente pour qu'on cherchât à nier le fait ; mais, sous l'illusion que le prix du salaire s'équilibre nécessairement avec celui des objets les plus essentiels, on n'entrevoyait pas qu'il y eût souffrance infligée à la classe ouvrière et péril pour la société. On attachait en général une certaine idée de patriotisme à la défense de ce « travail national, » qui assurait, pensait-on, les moyens d'existence à ceux qui n'ont d'autre ressource que leur labeur quotidien ; le plus souvent même les ouvriers avaient à cet égard les mêmes idées que leurs patrons.

Il faut en effet une grande habitude de l'analyse économique pour discerner le rapport qui unit le problème du libre échange à celui des misères du prolétariat. Les prix des marchandises échangeables sont réels ou factices : réels quand ils sont la résultante des transactions libres tant à l'intérieur qu'avec l'étranger, factices dès qu'ils sont faussés par quelque réglementation arbitraire. Or, dans toute installation industrielle, les calculs ont pour base le bénéfice probable, c'est-à-dire la différence existant entre le prix de revient et la valeur mercantile de l'article qu'on veut produire. S'il arrivait qu'un droit d'octroi à Paris ramenât le prix du sucre au taux où il fallait le payer sous le système continental, on verrait aussitôt les terrains de la nouvelle enceinte se couvrir de plantations de betteraves et de sucreries. Reportons-nous à l'époque où nos manufacturiers obtiennent de gros bénéfices en faisant jouer les ressorts de la douane : des établissements rivaux se forment, non pas en vue des besoins, mais sous le mirage des prix de prohibition. Tant que les nouveau-venus trouvent à bénéficier, il y a surexcitation dans le travail et prospérité passagère. Bientôt les anciennes maisons s'aperçoivent qu'on empiète sur leur domaine : installées les premières, elles ont d'ordinaire l'avantage du site ; leur capital de création est depuis longtemps amorti ; les ressources ne leur manquent pas pour réaliser les améliorations technologiques : elles veulent regagner le terrain qu'on leur dispute, et la marge de leurs bénéfices est assez grande pour qu'elles puissent réduire leurs prix peu à peu en gagnant beaucoup encore. Alors s'évanouit pour les maisons nouvelles l'illusion des prix factices : installées généralement dans les conditions les moins avantageuses, la marge de leurs bénéfices est trop étroite pour qu'on puisse la réduire beaucoup ; si elles prolongent la lutte, c'est en pesant sur les ouvriers, en réduisant les salaires quand on travaille, ou en fermant les ateliers dès qu'il y a engorgement de marchandises dans les magasins. N'est-ce pas là le commentaire de ces clameurs désespérées que nous avons entendues contre les abominations de la concurrence, contre les excès de la production au moment où tant de malheureux manquaient des moyens d'acheter ? Je prévois cette objection. Si les maisons créées étourdiment sous l'illusion du système protecteur n'avaient pas existé, comment auraient vécu les ouvriers qui y ont été employés ? — Je répondrai : Les exploitations vraiment utiles et proportionnées aux forces de la population ne manqueront jamais dans un pays où les capitaux pourront se grouper et se répartir librement. Ceci nous amène à dire où en était l'opinion publique en matière de sociétés commerciales et de crédit.

En 1836, au moment où l'on considérait le pouvoir nouveau comme consolidé, il se manifesta une fièvre de spéculation qui atteignit vers 1830 son maximum d'intensité. La question des chemins de fer arrivait à l'ordre du jour, et il était difficile de l'étudier sans avoir le pressentiment de quelque grande rénovation industrielle. Les têtes en feu ne rêvaient plus qu'asphaltes, charbonnages, forges, bateaux, ou pour mieux dire primes à la Bourse. Comme on multipliait les sociétés avec une fougue étourdie, l'attention publique se porta sur la loi qui régit la matière. Les jurisconsultes qui ont rédigé notre code de commerce ont admis trois formes, la société en nom collectif, qu'ils définissaient une association de personnes, la société anonyme, qui était à leurs yeux une association de capitaux et une forme intermédiaire, la commandite, où les personnes et les capitaux se trouvaient réunis. Le mieux aurait été peut-être qu'on ne fît pas de loi, et qu'on laissât les citoyens associer leurs capitaux et sauvegarder leurs intérêts comme bon leur semble, pourvu que l'objet de la spéculation ne fût pas contraire à l'ordre public. Appel, ayant été fait à des jurisconsultes, il fallait s'attendre à une loi tournée plutôt du côté du passé que vers l'avenir. Sous l'ancien régime, lorsque les compagnies commerciales proprement dites n'existaient qu'à l'état d'exception, et par le bon plaisir du souverain, il y avait des seigneurs, des bourgeois enrichis, qui étaient bien aises de participer aux profits du commerce ; ils livraient quelque argent à un homme de leur confiance, et celui-ci, connu seul du public, avait la gérance absolue et la responsabilité vis-à-vis du tiers. C'était la commandite. L'émancipation démocratique de 1789 amena une autre forme, la plus simple et la plus rationnelle de toutes : en présence d'une opération dépassant les forces individuelles, on réunit de petites sommes pour former un capital suffisant, puis les intéressés pourvoient au bon emploi de leur argent en choisissant, suivant des formes convenues, les administrateurs les plus capables, en se réservant surtout le pouvoir de les contrôler, de les révoquer s'il y a lieu. Telle est la société anonyme dans son essence.

Il n'est pas dans les instincts des jurisconsultes de calculer les profits de la liberté. Leur préoccupation, quand ils rédigent une loi, est de prévoir les abus qu'on en peut faire. » Obligés d'admettre le nouveau type d'association dont la Banque de France offrait d'ailleurs un remarquable exemple, les rédacteurs du code de 1807 se demandèrent si l'existence des sociétés anonymes ne devait pas être subordonnée à l'autorisation de l'état. « Pourquoi cette condition indéfinie ? demanda Treilhard [3] ; ne suffirait-il pas de la limiter aux sociétés anonymes qui ont quelque rapport avec l'ordre public ou avec l'état, et ne pas l'étendre à celles qui sont d'un intérêt particulier ? » A cette observation d'un esprit judicieux et indépendant, Defermon opposa un argument irréfutable : l'empereur avait prévenu la décision. « Frappé de l'inconvénient d'abandonner aux particuliers les sociétés anonymes, il avait donné l'ordre à son ministre de l'intérieur de lui faire un rapport sur toutes les associations de cette nature, et de soumettre à son approbation les actes qui les constituaient [4]. » En effet, un décret du 16 janvier 1808 obligea, sous peine d'interdiction, les sociétés anonymes qui existaient alors à se faire autoriser. Ainsi entra dans notre législation un règlement qui devait comprimer plus tard la seule forme d'association qui soit féconde, la seule qui soit propre à émanciper la démocratie. On n'y fit sans doute pas beaucoup d'attention pour le moment, car notre code commercial fut rédigé à une époque où le commerce était peu de chose comparativement à ce qu'il est devenu depuis. Je ne trouve pour tout l'empire que six compagnies anonymes autorisées, y compris la Banque de France. Les cinq autres étaient l'entreprise des messageries, une forge, un pont et deux canaux. Moins de 25 millions en capital leur suffisait. Les affaires se traitaient alors, suivant le vieux type de la commandite, au moyen des avances faites personnellement par les bailleurs de fonds.

Sous la restauration, le négoce et l'industrie se firent sur une échelle infiniment plus vaste que sous l'empire, mais à peu près de même façon, c'est-à-dire au moyen de la commandite directe et personnelle des capitalistes : la multitude faisait fructifier elle-même ses économies dans la petite culture ou le petit commerce. Les seules entreprises pouvant donner lieu à de grandes associations de capitaux étaient les assurances, qui se multiplièrent rapidement, la confection des ponts et des canaux, les premiers tronçons de voies ferrées destinés aux exploitations des houillères. Le conseil d'état accorda en quinze ans cinquante et une autorisations pour des entreprises de ce genre, et il put le faire sans trop engager sa responsabilité ; car il s'agissait d'opérations simples, dont il est facile d'apprécier l'opportunité et les ressources. Avec la monarchie de juillet, l'industrie devint le fait essentiel et s'épanouit dans toutes les directions : on put remarquer dès cette époque la tendance qu'elle avait à se démocratiser par le groupement des petits capitaux. Les essais pour fonder des sociétés commerciales, applicables aux spéculations les plus diverses, se multiplièrent à l'infini, et il est probable qu'il y eut des demandes très nombreuses pour obtenir l'anonymat. Ce fut alors qu'apparut le côté faible de notre législation. En se réservant d'autoriser les sociétés anonymes, d'en étudier les moyens d'action et d'en surveiller les agents, le gouvernement prend à l'égard du public la responsabilité morale de ces entreprises. Or, s'il est difficile même aux gens qui ont vieilli dans l'industrie d'apprécier sur le papier la portée d'une opération, d'estimer le capital nécessaire, d'organiser le service, de prévoir les mécomptes, quel sera l'embarras d'un chef de bureau ou d'un conseiller d'état appelé à résoudre, sous sa responsabilité personnelle, des problèmes de ce genre ! Et puis l'autorisation de former une société anonyme, devant être refusée au plus grand nombre, devient une faveur pour ceux qui l'obtiennent, et les gouvernements, quels qu'ils soient, n'ont pas coutume d'accorder des faveurs à ceux qu'ils considèrent comme leurs adversaires. À moins d'une impartialité surhumaine, tout administrateur est influencé à son insu par ses sympathies et ses répugnances politiques ; il est permis de croire que tel spéculateur dont la demande aurait été accueillie par le conseil d'état de 1848 aurait eu beaucoup moins de chance devant le conseil d'état de 1847. Dans la pratique, l'état ne peut conférer le prestige de son autorisation qu'à un très petit nombre d'entreprises formées suivant un type convenu, et patronnées par des gens dont la notabilité et la prépondérance financière offrent une sorte de caution au pouvoir. Cela enlève toute chance de réussite aux gens obscurs.

Pendant les trois ans de fièvre industrielle qui suivirent l'année 1836, le gouvernement autorisa deux fois plus de sociétés anonymes que pendant les quinze ans de la restauration, vingt fois plus que pendant tout l'empire. Les spéculateurs dont les sollicitations furent repoussées, ceux qui ne demandaient pas même l'anonymat, n'ayant aucun espoir de l'obtenir, furent sans doute en nombre incalculable. Était-il possible qu'ils renonçassent à leurs illusions, qu'ils éteignissent leur activité ? Non. Le code autorisait la commandite par actions : on prit la loi à la lettre pour en fausser l'esprit. On inaugura la commandite par petites actions au porteur, qui est une forme corrompue de la société anonyme. Constatons la différence. Dans l'anonymat, le capital choisit la direction, et son intérêt est de découvrir le mérite et la probité ; dans la commandite, c'est un gérant qui cherche le capital : ce sont des inconnus qui s'adressent à des inconnus pour leur demander leur argent, et, cela est triste à dire, les plus grandes chances de réussite sont pour ceux qui poussent le plus loin le charlatanisme de la réclame et l'impudence de leur habileté prétendue. Des commandites de ce genre, multipliées à l'infini vers 1838, donnèrent lieu à un scandaleux débordement d'agiotage : on s'en émut d'autant plus que le mal semblait être d'une espèce nouvelle. Le gouvernement fut mis en demeure d'intervenir : il le fit avec une franchise naïve. Considérant que l'interprétation donnée à l'article 38 du code de commerce faussait l'esprit de la loi, il proposa tout simplement de supprimer la commandite par actions négociables à la Bourse. Telle était la portée d'un projet de loi présenté dans la session de 1838.

Une pareille loi aurait été inexécutable, car il en serait résulté que toute société par actions au porteur devant nécessairement revêtir la forme anonyme, il n'y aurait plus eu d'opération collective qui ne fût subordonnée à l'autorisation préalable du gouvernement. Le haut commerce, représenté dans les chambres par des hommes très habiles, comprit que le projet ministériel était inadmissible. La commission, qui avait M. Legentil pour rapporteur, admit le droit de donner pour base à la commandite des actions au porteur et négociables ; mais elle entourait de tant de difficultés la formation des sociétés de ce genre, qu'elles auraient cessé d'être une concurrence importune pour les heureux promoteurs des compagnies anonymes. Il est probable que les débats auraient fait sentir l'impossibilité de supprimer la commandite sans émanciper quelque peu la société anonyme. La liberté y aurait sans doute gagné ; mais l'agiotage commençait à s'épuiser par ses propres excès. Le public, suivant sa coutume, entrait dans cette phase de réaction où il ne veut entendre parler d'affaires d'aucune sorte. À quoi bon alors soulever une discussion des plus épineuses et montrer le défaut de la cuirasse aux adversaires du privilège ? Le projet de loi de 1838 ne fut pas discuté, et on resta sous le régime de 1807, tempéré momentanément par le découragement des spéculateurs. Or, par les raisons indiquées plus haut, ce régime ne laisse à la disposition de la plèbe industrielle qu'une seule forme d'association, la commandite, forme insuffisante, pleine de périls pour le public et même pour ceux qui l'emploient, discréditée aussitôt qu'elle est largement appliquée en raison de l'abus qu'on en peut faire et des désastres qu'elle occasionne [5]. Par la force des choses, la seule forme qui soit féconde, la société anonyme, devient une sorte de privilège, car l'état ne peut pas prodiguer cette espèce de garantie attachée à son autorisation et à sa surveillance. Sans parler des entreprises utiles qui sont empêchées au détriment du pays, cela aboutit à conférer le monopole des opérations essentielles et lucratives à un petit groupe de personnages considérables par leur importance comme capitalistes ou par leurs affinités avec le pouvoir, quel qu'il soit.

Avec cette inclination au monopole, qui a toujours été le mauvais génie de l'industrie française, la haute banque devait avoir pour idéal de régenter d'une manière absolue la circulation et le crédit. La machine existait, mais elle avait été faussée par les circonstances. Les lois constitutives de la Banque de France avaient autorisé cette institution à rayonner sur tout l'empire au moyen des succursales qu'elle jugerait convenable d'installer. L'établissement des banques départementales n'était pas interdit, mais il était subordonné au bon vouloir du gouvernement, qui sans doute n'aurait pas été prodigue de ses autorisations, si on les avait sollicitées. « Pendant toute la durée de nos longues guerres, a dit M. Gautier, on ne vit, à une seule exception près (Rouen), se manifester nulle part le besoin d'établissements de cette nature. » Toutefois, vers 1810, la Banque de France organisa, comme pour sonder le terrain, trois comptoirs, à Lyon, à Lille et à Rouen ; elle fit ainsi avorter dans cette dernière ville la seule banque locale qui existât, et qui était son aînée, car elle remontait à 1798. Ces essais ne réussirent que médiocrement. Les comptoirs de Rouen et de Lyon furent supprimés ; celui de Lille s'éteignit de lui-même. Cependant vers 1817, époque de renaissance pour le commerce, le besoin d'un crédit spécial et perfectionné se fit sentir dans plusieurs localités. Rouen, Nantes, Bordeaux sollicitèrent l'autorisation de fonder des banques avec privilège d'émettre des billets au porteur. Si les grands banquiers de Paris ne se mirent pas en travers, c'est que, sous l'impression de leur malheureuse expérience, ils ne supposaient pas qu'une banque de circulation eût chance de se soutenir dans une ville de province.

L'événement décida contre eux. Non-seulement les banques départementales créées avant 1820 vécurent et rendirent des services, mais après 1830 presque tous les centres commerciaux demandèrent à être pourvus d'établissements analogues. Ce qu'on avait accordé à Nantes et à Bordeaux, pouvait-on le refuser à d'autres grandes villes ? Lyon, Marseille, Le Havre, Lille, Toulouse, Orléans, obtinrent successivement les autorisations nécessaires ; mais en même temps ce pouvoir occulte qui était souverain en matière de commerce trouva moyen de faire surgir les entraves réglementaires destinées à limiter l'expansion du crédit. Il fut décidé d'abord qu'avant de prononcer sur l'établissement d'une banque départementale, il fallait consulter sur son opportunité et son organisation le préfet et le receveur-général du département, la chambre et le tribunal de commerce de la ville, le ministère des finances, le ministère du commerce, le conseil d'état et enfin la Banque de France, juge et partie dans la cause. Vers la fin de 1837 intervint le ministre de la justice, qui déclara que toute autorisation devait être suspendue jusqu'à la discussion du projet de loi sur les sociétés par actions dont j'ai parlé précédemment. Du concours de ces autorités sortit une jurisprudence administrative dont l'effet devait être de rendre à peu près impossible l'établissement des banques de circulation ailleurs que dans les grandes cités déjà privilégiées. Une espèce d'odyssée poursuivie pendant deux ans par M. d'Esterno dans l'intérêt des villes secondaires a conservé un intérêt historique [6]. En 1840, la Banque de France parvint à faire transporter la question sur le terrain parlementaire, où elle était sûre de rencontrer des auxiliaires tout-puissants. Son privilège, accordé pour quarante ans en 1803, avait encore trois ans à subsister : on introduisit néanmoins la loi destinée à en consacrer la prolongation, pour trancher du même coup la controverse au sujet des banques départementales. La discussion de cette loi excite encore une curiosité malicieuse, en raison des belles choses débitées dogmatiquement par de grands banquiers et certains hommes d'état sur les dangers de la coexistence de plusieurs banques dans un pays, sur les inconvénients de la faible coupure des billets ou de la publication d'un bulletin, non pas tous les mois, comme aujourd'hui, mais tous les trois mois seulement. Bref, en même temps qu'on prolongeait de vingt-cinq ans le privilège de la Banque de France, il fut décidé qu'aucune banque départementale ne serait plus établie à l'avenir qu'en vertu d'une loi spéciale, et qu'il faudrait aussi une loi pour renouveler les privilèges des banques existantes, comme pour les modifications à introduire dans leurs statuts. Cette complication d'une procédure déjà bien difficile découragea les compétiteurs. Les tentatives pour l'établissement des banques locales cessèrent. La Banque de France prit à tâche la multiplication de ses propres comptoirs. S'il y eut de la part de quelques compagnies des tentatives pour former des caisses d'escompte, non-seulement elles durent se passer d'un papier de circulation, mais elles n'obtinrent pas même la faveur de se constituer en sociétés anonymes : il ne leur fut permis de vivre qu'à l'état de commandite, ce qui a sans doute contribué au mauvais sort de la plupart d'entre elles.

Ainsi, vers 1842, — remarquons cette date, c'est précisément celle où le grand coup d'état frappé par Robert Peel supprimait en Angleterre la cause la plus immédiate des bouleversements politiques, — le mouvement en sens contraire s'achève chez nous. Il y a dès lors un groupe de producteurs, bénéficiant « des erreurs économiques d'un demi-siècle, privilégiés sans le savoir, qui, affranchis de la concurrence étrangère, peuvent assigner aux choses les plus essentielles des prix à leur convenance, et qui peuvent en outre limiter la concurrence intérieure par les facilités exceptionnelles qu'ils ont pour diriger l'agglomération des capitaux et former des sociétés. Ne leur en faisons pas un crime : leur éducation, leurs idées étaient celles de leurs pères, celles de leur propre époque, celles qu'ils rencontraient même chez leurs adversaires politiques. N'était-ce pas un fait commun à tous les pays, pouvaient-ils dire, que des règlements de faveur tendant à former une classe de grands commerçants ? Cela est vrai ; mais ce qu'on n'avait vu nulle part avant 1815, et ce à quoi les législateurs n'avaient pas songé, c'était un système électoral faisant des grands producteurs, des grands spéculateurs, une espèce de coalition instinctive, inévitable, prépondérante. Un des coryphées du parti protectioniste, qui a été député et ministre, le comte Jaubert, impatienté un jour d'entendre murmurer autour de la tribune les mots de féodalité nouvelle, s'avisa de dire : « Aucune société ne peut se passer absolument d'aristocratie ; il en faut une à tous les gouvernements. Voulez-vous savoir quelle est celle du gouvernement de juillet ? C'est celle des grands industriels et des grands manufacturiers : ce sont là les fondateurs de la dynastie nouvelle. » Ces paroles étaient bien malheureuses. Ce qu'il y a de plus étrange, ce n'est pas qu'elles aient été prononcées par un orateur qui faisait excuser par des saillies spirituelles sa franchise étourdie et compromettante : c'est qu'elles n'aient pas donné à réfléchir dans ces hautes régions du pays légal, où tant d'esprits éminents étudiaient le mécanisme des sociétés. Dans la constitution britannique, l'aristocratie est une force existant par elle-même [7] ; une autre force qui grandit chaque jour est l'industrie. Jusqu'à présent, elles se sont assez bien équilibrées l'une par l'autre, et si la première doit un jour disparaître devant la seconde, sinon comme influence morale, au moins comme ressort politique, c'est qu'alors l'industrie sera elle-même dépouillée de toute espèce de privilège, et qu'en ce qui concerne l'exercice des facultés productrices, il y aura égalité dans la liberté. Mais de l'aristocratie et de l'industrie ne faire qu'une seule et même force, concentrer le pouvoir législatif dans une classe, parce qu'elle s'est enrichie, avec la faculté de s'enrichir encore au moyen des lois qu'elle fait, c'est charger le grand ressort constitutionnel au point de faire éclater la machine. Il ne faut pas beaucoup de réflexion pour comprendre cela. A-t-on le temps de réfléchir sur la pente où l'on glisse ? Les majorités parlementaires subissaient des entraînements dont elles n'avaient pas conscience.

M. Guizot avait rapporté de son ambassade d'Angleterre une estime théorique pour la liberté commerciale et des dispositions à conclure des traités de commerce. Depuis 1815, on n'avait jamais stipulé qu'en vue de la navigation, et on s'était plutôt appliqué à empêcher les échanges de marchandises qu'à les multiplier. Une convention avec la Belgique fut signée en 1842 : les avantages de la réciprocité étaient limités à quatre ans ; mais le ministère, où le portefeuille du commerce était tenu par un des vétérans de l'armée prohibitioniste, craignait d'être grondé par la majorité dont il émanait. On n'osa soumettre le traité à l'approbation des chambres qu'en 1845, c'est-à-dire un an seulement avant son expiration. Le président du conseil se crut même obligé de déclarer à la tribune que le traité n'avait pas répondu à l'attente du gouvernement, et qu'il ne serait pas renouvelé, si l'on n'obtenait pas de la Belgique une réciprocité plus efficace. En effet, dans la convention renouvelée en 1846, on limita la quantité de fil et de toile que la Belgique aurait le droit d'importer. Une autre négociation entamée avec le cabinet de

Turin avait été menée à fin en 1844. Il s'agissait surtout d'échanger nos vins contre les bestiaux de la Sardaigne, combinaison avantageuse, puisque les vins étaient surabondants et qu'on se plaignait de la rareté de la viande. Il s'y rattachait aussi un intérêt politique, l'espoir de ressaisir, au moins par une confraternité commerciale, une partie de l'influence que la France doit toujours avoir en Italie. Les négociations préliminaires avaient assigné à la convention une durée de six ans. Pressentant les dispositions de la majorité, M, Guizot fit part de ses appréhensions à Turin, et obtint que le délai d'expérience fût réduit à quatre ans. Les intérêts ligués au sein de la chambre n'en voulaient concéder que trois. M. Guizot eut beau exposer que la viande de boucherie avait subi un enchérissement qui s'élevait, suivant les régions, de 17 à 50 pour 100, les bœufs maigres du Piémont, admis avec une taxe de 49 francs au lieu de 55, apparaissaient toujours à la chambre sous forme d'une invasion de Cosaques, et M. Guizot n'évita un échec parlementaire qu'en faisant de l'adoption du traité une question de cabinet.

Le ministère eut bientôt à expier cette velléité d'indépendance. Après avoir demandé la facile introduction des graines oléagineuses comme moyen de renouveler leurs semences, les agriculteurs du nord s'aperçurent un jour que de nouvelles espèces tirées d'Égypte et du Sénégal menaçaient d'une redoutable concurrence les graines cultivées chez nous. Le sésame et le touloucana donnaient beaucoup plus abondamment une huile de meilleure qualité. Mais que faire ? Fallait-il, pour complaire aux électeurs ruraux, enlever à notre marine, déjà si faible, un aliment dont elle avait besoin, et imposer un sacrifice de plus aux consommateurs en forçant les savonneries de Marseille à se procurer l'huile dans les départements voisins de la Belgique ? Les départements du midi résistaient énergiquement ; mais les députés du nord et de l'est, habiles à grouper les intérêts, formaient dans les chambres les gros bataillons. Le ministère, suivant son usage, cherchait un milieu prudent entre les prétentions extrêmes. D'accord avec la commission, il avait admis en faveur de l'œillette et du colza une protection équivalant à 18 pour 100, et il croyait avoir beaucoup fait, d'autant plus que les graines africaines chassées de France étaient reçues au simple droit de balance par l'Angleterre, la Belgique et l'Allemagne. Les intérêts coalisés n'étaient pas satisfaits : ils exigeaient impérieusement l'adoption d'un amendement formulé par M. Darblay, c'est-à-dire une protection d'environ 35 pour 100. Le ministère, représenté à la tribune par M. Cunin-Gridaine, donne à entendre que l'amendement Darblay est déraisonnable, et que cependant, à travers tant de conflits politiques, il ne peut pas prêter les mains au déchirement de la majorité. Courbé sous le joug qu'on lui impose, il porte le projet amendé au Luxembourg. Là le bon sens reprend ses droits pour un instant. Bien que le système protecteur soit une de ses utopies conservatrices, la chambre des pairs reconnaît que les partisans du colza vont trop loin, et qu'ils ont besoin d'une leçon. Elle manifeste l'intention de revenir au projet primitif du gouvernement, comme pour aider le pouvoir à se relever de l'humiliation qu'on lui a infligée ; mais cette force souveraine qui peut briser les ministères réside dans la seconde chambre, et c'est avec elle qu'il faut compter. À la tribune du Luxembourg, M. Duchâtel se résigne à prendre plusieurs fois la parole pour soutenir l'amendement Darblay, et il partage avec ses collègues le triste honneur de faire abandonner le système qui émanait du gouvernement.

Depuis l'emploi des nouvelles forces motrices et les essais de voies ferrées, la houille était devenue le grand ressort de l'industrie : l'exploitation des mines touchait d'ailleurs dans leurs moyens d'existence un nombre considérable d'individus. Parut en 1846 la grande compagnie des mines de la Loire, qui, sur soixante-cinq concessions que contenait le bassin, en acheta trente pour les réunir en une seule, contrairement à l'esprit de la loi. En réponse aux réclamations qui ne manquèrent pas d'éclater, la compagnie exposa dans un mémoire justificatif qu'on ne pouvait lui reprocher de créer le précédent, qu'elle bénéficiait de la tolérance accordée aux autres, et elle citait huit autres compagnies qui, au moyen des agglomérations dont on lui faisait un crime, possédaient paisiblement 124,000 hectares. Les meilleurs amis du gouvernement furent alarmés : ils sentaient qu'un aussi vaste monopole était fait pour inquiéter le monde industriel et semer des causes d'irritation parmi les populations locales. Le député de Saint-Étienne, quoique protectioniste fougueux, M. Lanyer, adressa des interpellations au ministère, et M. François Delessert prit l'initiative d'une proposition tendant à réprimer l'abus signalé. La commission nommée par la chambre fut tellement émue à l'examen des faits, qu'elle ne craignit pas de conclure à l'illégalité de toutes les réunions précédemment effectuées, et de déclarer qu'une révision de la législation concernant les mines était urgente. C'était une montagne à remuer, tant les intérêts à déplacer étaient considérables et groupés savamment. Le ministère laissa passer la session de 1847 sans donner suite à la proposition de M. François Delessert, et légua au régime suivant son embarras et son indécision [8].

Triomphant ainsi dans toutes leurs luttes, même contre le gouvernement qu'ils aimaient, les prohibitionistes tendaient à devenir pour la monarchie parlementaire des espèces de prétoriens connaissant leur force et faisant sentir à leurs chefs la pression de leur volonté. À la fin de 1846, au moment où la peur d'une famine commence à devenir un danger politique, ils consentent à ce que le gouvernement favorise l'introduction des blés étrangers par la suspension de l'échelle mobile ; mais c'est en constatant avec solennité qu'ils font une concession accidentelle, et que le principe de la législation sur les céréales doit rester « à l'abri de toute atteinte, même par voie de simple induction. » Heureux de trouver un point d'appui contre ses dangereux amis, le gouvernement autorise avec toute sorte de réserves les associations qui se proposent de propager les principes du libre-échange ; la société de Paris organise des conférences publiques dans la salle Montesquieu. À ce petit groupe de théoriciens qui causent dans le public plus d'étonnement que d'agitation, les prohibitionistes ne se contentent pas d'opposer une affiliation riche, active, puissante, leur *Société pour la défense du travail national*, ils entament sournoisement le ministère par tous les côtés où il est faible, par la peur d'une désertion dans les rangs de la majorité, par la peur d'être dénoncé à l'opinion comme livrant l'industrie française à l'Angleterre, par la peur de l'agitation des ateliers, où l'inquiétude est semée à dessein. Le gouvernement se décide cependant à tenter quelque chose pendant la session, qui devait être la dernière de la monarchie. On dépose dans la séance du 31 mars 1847 un projet de réforme douanière atteignant deux cent quatre-vingt-dix-huit articles sur les six cent soixante-six dont se compose le tarif, mais avec une modération extrême, comme on touche les plaies du malade dont ont craint les cris. Les partisans du système restrictif avaient peu de choses à dire, si ce n'est qu'ils ne voulaient pas qu'on fît brèche à leur principe. Le rapporteur choisi par la majorité, M. Lanyer, déposa le 24 juillet, quinze jours avant la clôture, un travail si volumineux que les députés auraient eu à peine le temps de le lire. Le débat fut nécessairement renvoyé à la session suivante, et devait être repris, remarquez la date, au mois de février 1848 !

C'était dans les jours où il ressentait la fatigue de ces tiraillements qu'on entendait le premier ministre déplorer avec amertume « l'abus des influences. » L'histoire blâmera-t-elle M. Guizot de n'avoir pas résisté avec plus de vigueur sur ce terrain aux entraînements de ses amis politiques ? Ce serait, je crois, un reproche injuste. Eût-il eu personnellement une vue bien nette des périls qu'on suscitait et la ferme volonté de réagir, il n'aurait pas pu puiser dans l'opinion la force nécessaire pour imposer des mesures qui auraient retenti comme un coup d'état. Ces deux mots, sous lesquels il y a tant de choses, « liberté commerciale, » n'existaient pas alors à l'état de principe accepté. On n'avait pas encore comme élément de démonstration la grande expérience de l'Angleterre. Les économistes étaient peu nombreux, peu écoutés. Soit par une sorte de précaution semi-officielle, soit que l'élaboration de leurs idées ne fût pas complète, ils n'abordaient le problème de la libre activité humaine que timidement, par un de ses côtés, celui des échanges avec l'étranger. On ne voyait pas assez nettement le lien de leurs théories avec cet autre problème si violemment agité, celui de la misère, ni la subtile réciprocité qui unit la politique proprement dite avec les phénomènes de la production. Dans les régions du pouvoir, l'importance attribuée à toutes ces choses était si mince, que l'homme d'état appelé au jour de la crise pour succéder à M. Guizot était la négation personnifiée de l'économie politique. Dans les journaux, à deux ou trois exceptions près, l'opposition à cette liberté qui est l'aliment de toutes les autres devient plus vive à mesure que la nuance démocratique se prononce. Les feuilles écrites alors pour les ouvriers, et souvent par des ouvriers, sont curieuses à relire aujourd'hui. Quelle indignation contre ces perfides économistes qui, par « une atroce application du libre échange, » veulent ôter le pain aux travailleurs, cimenter la féodalité industrielle, livrer leur patrie « à la foi punique des Anglais ! » Si je copie des expressions de ce genre, c'est pour avoir occasion de dire qu'il y a aujourd'hui, à ma connaissance, des hommes sincères qui s'étonnent de les avoir écrites.

Était-il donc raisonnable d'entamer ces innovations hasardeuses, mal comprises, qui auraient eu pour effet de débander la phalange des amis et de fournir aux adversaires de nouveaux moyens d'attaque ? Voilà ce qu'on devait se dire dans les conseils du roi Louis-Philippe. Dans les réunions de la majorité, où le problème économique jetait vers les derniers temps des incertitudes pénibles, les défenseurs du système restrictif avaient un autre argument à faire valoir. Sous ce système contre lequel on élevait tant d'objections théoriques, disaient-ils, des progrès merveilleux avaient été accomplis : la France de 1845, comparée à celle de 1815, se présentait avec un éclat de supériorité qui justifiait la phrase annuelle sur « la prospérité toujours croissante. » La production en toutes choses avait notablement augmenté, et à part les vivres, dont les prix avaient tendance à s'élever, presque tous les autres genres de consommation étaient devenus plus faciles. On pouvait estimer à 50 pour 100 l'augmentation des récoltes en céréales depuis 1815, et la possibilité de manger du pain blanc s'était propagée dans la proportion de la moitié aux deux tiers des habitants. Le nombre des hectares plantés en vignes était augmenté de 400,000 sur 2 millions. La consommation du sucre, après être tombée jusqu'à 7 millions de kilogrammes, était remontée à 149 millions : cet aliment de luxe pénétrait jusque dans les hameaux. Il sautait aux yeux que le paysan était mieux logé et mieux vêtu que par le passé. La machinerie industrielle s'était développée largement. La fabrication du fer et de la fonte était littéralement décuplée, de 800,000 quintaux à 8 millions ; celle du coton sextuplée, de 6 millions de kilogrammes à 60 ; celle de la laine était au moins triplée ; bon nombre d'industries étaient des acquisitions nouvelles. Le progrès commercial à l'intérieur se mesurait par le nombre des patentes, qui, d'environ 800,000 vers 1815, s'était élevé à 1,440,000. L'esprit d'association se développait, à en juger par l'ardeur à fonder des sociétés commerciales, à lancer les grandes œuvres collectives. Les échanges avec l'étranger, entrées et sorties, se totalisaient par 1 milliard 500 millions, et en comparant par une espèce de sophisme commercial les exportations de 1815 à celles du moment, on était autorisé à dire qu'il y avait accroissement de 600 pour 100 sur les cotons, de 200 sur les lainages, de 60 dans les soieries. Enfin le progrès de la richesse publique se manifestait par un cachet de superfluité élégante, et les populations avaient l'avantage de fournir avec bonne grâce beaucoup plus d'impôts et beaucoup plus d'emprunts que par le passé.

Ainsi raisonnaient les chefs de la coalition prohibitioniste, et, à voir les choses terre à terre, leur exposé était vrai. Si l'on se plaçait au contraire à ces hauteurs où l'homme d'état devrait s'élever pour observer les intérêts sociaux dans leur ensemble, tout cela devenait illusoire. L'enrichissement des peuples est un phénomène complexe : il y faut faire la part de l'élan progressif qui entraîne toutes les sociétés contemporaines, et étudier surtout de quelle manière le bénéfice se répartit. Dans l'espèce, il y avait à discerner si le pays s'était enrichi par la vertu du système restrictif ou malgré ce système.

Il y a chez nous, depuis l'ébranlement de 1789, des causes de prospérité qui, bien que comprimées par les vices de notre régime économique, ont donné cependant une partie des résultats qu'on en pouvait attendre. Par exemple un des traits distinctifs de notre siècle, une des causes de sa splendeur, est l'application de la science à l'industrie. Quand un procédé nouveau accomplit pour 10 millions un service qui en coûtait 15 précédemment, le pays a littéralement ajouté 5 millions de rentes à son revenu. Sans parler des bénéfices de ce genre réalisés sur les transports au moyen des voies ferrées, sur les forces animées au moyen des moteurs mécaniques, une foule de procédés incessamment perfectionnés, et dont on ne parle pas, ajoute à la somme des richesses disponibles. Or la France est peut-être le pays où le génie inventif en ce genre est le plus surexcité, quoiqu'il n'y trouve guère d'encouragement.

Une autre cause d'enrichissement ne saurait être omise sans injustice. Les mêmes chambres, si rétives lorsqu'on leur soumettait des projets tendant à affaiblir les ressorts du système prohibitif, se prêtaient cordialement à l'élaboration des lois d'intérêt général qui n'entamaient pas leur idéal d'organisation industrielle. Ainsi, par exemple, avaient été édictées sous le gouvernement de juillet une série de lois qui avaient eu pour effet d'augmenter considérablement la somme des denrées consommables, et de procurer aux habitants des campagnes, non pas à tous malheureusement, un bien-être nouveau pour eux. Telles avaient été les lois de 1831 et 1837 sur le régime municipal, la loi de 1833 sur l'enseignement primaire, qui avait introduit les premiers essais d'écoles publiques dans des régions vouées précédemment à l'ignorance, la loi si féconde du 25 mai 1836, à laquelle nous devons l'établissement des chemins vicinaux, complétée par celle qui a aboli le décime rural ajouté au port des lettres pour les campagnes, la loi fort appréciée sur les justices de paix cantonales, celle qui concerne les irrigations, et d'autres que j'oublie sans doute. Le mouvement inusité des idées, la facilité des communications, combinés avec la diffusion d'une certaine aisance, ont rendu possibles les améliorations techniques, telles que la suppression de la jachère, et tout cela aide à comprendre comment le pays a pu s'enrichir beaucoup malgré les vices de son système économique.

Ce qui devait intéresser l'homme d'état, ce n'était donc pas de savoir si la France produisait plus que par le passé, mais si elle produisait dans la mesure des besoins nouveaux ; l'important pour la sécurité publique était non pas seulement que le pays fût enrichi collectivement, mais que la diffusion du bien-être ne laissât pas place aux animosités subversives. On déclamait beaucoup alors contre les grandes manufactures. Selon la théorie abstraite, c'était une erreur. La grande industrie, comme la petite, a sa raison d'être : c'est une des formes de la liberté ; mais c'est à la condition qu'elle ait la liberté pour correctif. Si, par la manière dont les capitaux se colligent et dont les sociétés industrielles se forment, la possibilité de fonder de grandes usines devient une sorte de privilège, l'inévitable nécessité de travailler toujours aux ordres d'autrui inflige au plus grand nombre une condition qui tient de la servitude. Si les manufacturiers et les grands agriculteurs, au moyen d'un système douanier qui les affranchit de la concurrence étrangère, peuvent exagérer le prix des choses, la servitude devient une gêne, et si les illusions du système protecteur suscitent à l'intérieur une concurrence désordonnée, la gêne devient misère pour un trop grand nombre. Tous ces cris de douleur et de détresse poussés à propos de l'insuffisance des salaires, des chômages, du régime malsain des ateliers, de la femme arrachée à la vie de famille, de l'exploitation précoce des enfants, des logements insalubres et de toutes ces misères morales qu'engendre la misère physique, n'étaient donc pas, comme on le disait parfois, les lieux-communs de l'esprit séditieux. La plaie saignait réellement.

Oui, la société française était malade ; mais, dans l'accès de fièvre chaude qui la saisit, quelle frénésie de suicide. Comme elle se plaisait à montrer son mal et à l'aviver par toute sorte d'amertumes ! Le commentaire de la sinistre devise écrite par les ouvriers lyonnais sur leur drapeau ne se trouvait pas seulement dans les écrits démocratiques ou dans les prédications des écoles socialistes ; il retentissait à la tribune, dans les plus prudents journaux, dans les romans, sur la scène. La sympathie pour les classes souffrantes était un sentiment loyal et généreux ; plus ou moins tout le monde y a participé, et c'est un honneur pour notre génération. Mais quel aveuglement dans les moyens ! Comme chacun se plaisait à dépecer la liberté pour avoir un petit morceau de liberté à soi tout seul ! En résumé, un fait dominait tous les autres vers les derniers temps de la monarchie de juillet, fait aussi mal compris que vivement ressenti, c'était le malaise occasionné par la confiscation de la liberté économique au détriment de la généralité des citoyens, et surtout de la classe vouée au travail. Les convulsions politiques étaient, non pas le mal, mais le symptôme. Au-dessous de ce qu'on appelait le pays légal régnait une inquiétude sombre et voisine de la colère, parce qu'on rencontrait, dans chacun des sentiers où il fallait chercher sa vie, des obstacles à utiliser ce qu'on sentait en soi de bonne volonté et d'aptitude, parce que cette sorte d'asservissement semblait un démenti aux promesses de 1789. Toute la politique superficielle, ces savantes controverses sur la pondération des pouvoirs, ces chocs d'ambition, ces tournois d'éloquence, le caquetage des coteries, tant de bruit dans les chambres ou dans les rues, étaient comme ces bulles qui viennent clapoter à la surface des eaux par suite d'un travail de décomposition qui se fait dans les invisibles profondeurs.

### III. — Après 1848

Si l'on pouvait conserver quelques doutes sur les causes de la révolution de février, il suffirait de se rappeler l'aspect des premiers jours. Il n'y avait plus qu'un seul personnage en vue, le travailleur ; qu'un seul ressort dans la société, la main-d'œuvre ; qu'un seul problème à résoudre, l'affranchissement du prolétaire. Tout ce qui s'essayait ou se disait venait aboutir à ce nœud, et, remarquons-le bien, cela n'était pas un sentiment de commande imposé par le parti victorieux : l'adhésion de toutes les classes était retentissante, sincère le plus souvent, et le travailleur n'avait plus qu'à s'épanouir dans son succès. Mais l'intention ne suffit pas pour vider un problème. Ceux à qui les circonstances avaient donné la parole pour fournir les solutions étaient des orateurs ou des écrivains d'opposition, subordonnant tout à des théories de droit constitutionnel, dévoués cordialement sans doute aux intérêts populaires, mais ne saisissant pas mieux que leurs devanciers l'action incessante de l'économie industrielle sur l'incident politique, et trop disposés à croire qu'une loi est vivante pour être écrite sur le papier ; ou bien encore c'étaient des socialistes, c'est-à-dire des réformateurs instinctifs, voués à la recherche du bien-être matériel au moyen d'une organisation du travail, comme on cherchait autrefois la pierre philosophale. Ceux-ci surtout avaient prise sur les masses, parce qu'ils avaient le mérite d'avoir signalé les premiers l'inévitable émancipation du prolétariat. Jamais n'était entrée dans leurs esprits cette idée si simple, que si on peut créer des privilèges pour un petit groupe, on ne peut pas privilégier le plus grand nombre, et qu'à la multitude on ne peut donner que la liberté. Leurs erreurs mêmes, leurs préventions contre la liberté, devenaient un puissant moyen de propagande, car, en présupposant toujours un *état initiateur et régulateur*, ils répondaient à une espèce d'infirmité endémique chez nous, et dont l'origine remonte sans doute aux temps de la subordination féodale.

Quant aux économistes, ces amans platoniques de la liberté, ils n'avaient pas la parole. Ils la prenaient néanmoins dans quelques clubs. Qu'ils me pardonnent de le dire : ils y étaient assez maladroits, comme pouvaient être des hommes de cabinet ou d'académie, sans contact jusqu'alors avec les populations ouvrières. Je me rappelle des discours pleins des meilleures choses, débités avec la voix tonnante et la vertueuse indignation d'un prédicateur. Les auditeurs comprenaient peu et sortaient avant la fin du sermon. Les disciples de Turgot et de Say n'étaient alors pour le public que des malthusiens, La prévention était telle partout que le gouvernement provisoire se fit un mérite de supprimer la chaire d'économie politique au Collège de France.

Si des idées on passe aux actes, on n'en trouve qu'un seul à noter ; mais il est énorme : c'est l'unification des banques, qui a légalisé chez nous le monopole du crédit. La panique avait rendu irrémédiable la crise qui existait déjà dans le commerce parisien. Il y eut nécessité d'attribuer le cours forcé aux billets de la Banque. Un décret du 15 mars 1848 y pourvut. Exposées aux mêmes embarras, les neuf banques départementales réclamèrent la même faveur, qu'il était impossible de leur refuser. Les divers papiers de banque étant devenus monnaies légales, on ne tarda pas à constater les inconvénients qu'il y avait à laisser circuler simultanément plusieurs de ces monnaies, qui, égales aux yeux de la loi, puisqu'on les recevait pour argent comptant dans les caisses publiques, n'auraient conservé néanmoins dans le commerce qu'une valeur mesurée sur la solidité présumée des établissements qui les avaient émises. Qu'y avait-il à faire ? Imiter ce qui avait été fait en Angleterre pendant le cours forcé de 1797 à 1821 : attribuer seulement le caractère de monnaie légale aux billets de la banque centrale, et conserver l'individualité des autres banques en leur procurant le moyen de rembourser leurs propres billets avec le. papier de l'établissement régulateur [9]. On trouva plus simple de réunir toutes les banques ayant droit d'émission en une seule, ce qui exclut toute idée de concurrence en matière de crédit, jusqu'au moment où les yeux seront suffisamment ouverts sur les dangers de ce système. Cette réunion, que la haute banque de Paris avait toujours ambitionnée sans oser la demander, même aux jours de sa plus grande influence, elle l'obtint d'une révolution démocratique sans peut-être avoir besoin d'y aider. Comme il se rattachait à cette unité en matière de banque quelque habitude de tutelle administrative ou quelque préoccupation d'organiser le crédit, ce fut la démocratie qui prit la peine, au lendemain de sa victoire, de bâtir le camp retranché du monopole ! Au point de vue de la vraie science, comme de la pratique éprouvée du crédit, c'était une faute. Au point de vue de la politique, c'était la plus fausse manœuvre que des hommes de parti pussent commettre.

Dans les deux assemblées républicaines où se trouvaient tant de lumières sur beaucoup de points et tant de bon vouloir, l'efficacité de la liberté économique, comme moyen de progrès au profit des classes souffrantes, n'était guère mieux comprise d'un côté que de l'autre : ce n'était pas encore une *idée faite* (l'est-elle beaucoup plus aujourd'hui ?). Un doute secret sur la possibilité d'accomplir le programme de la révolution jeta un vague découragement dans les rangs démocratiques. Le parti réactionnaire gagna en aplomb, et son initiative imprima au grand nombre de lois qui furent faites, et dont plusieurs sont très bonnes, un caractère de discipline et de patronage. Aucune de ces lois n'a touché à fond le régime économique de la société. En 1851 seulement, un honorable député, M. Sainte-Beuve, de Pontoise, vint agiter bravement le drapeau du libre échange. Il fut peu compris : M. Thiers doubla par la prestesse de son esprit un succès préparé d'avance au sein de la majorité. La proposition de M. Sainte-Beuve fut écartée par 428 voix contre 199. Ce dernier chiffre constatait déjà un certain progrès ; il n'aurait pas été obtenu au lendemain de la révolution.

Dans la période qui suivit immédiatement le rétablissement de l'empire, il y eut une veine d'activité commerciale des plus remarquables. Un sentiment de sécurité qui se répandit dans les classes riches et conservatrices, l'afflux subit de l'or californien agissant à son arrivée comme capital et commandant des travaux, les profits de plus en plus larges donnés par les voies ferrées, les mouvements de fonds créés par la fusion des grandes compagnies ou par des privilèges financiers, le développement imprimé aux travaux publics, et puis cette loi du mouvement qui se multiplie par sa propre vitesse, telles sont les causes du phénomène. Que cette vive reprise ait contribué à élever le niveau des salaires, cela est incontestable. Cependant, aux termes de la saine économie, ce mouvement laissait à craindre une concentration de plus en plus forte des éléments producteurs dans un petit nombre de mains. Il était à prévoir aussi que cette ardeur de spéculation faiblirait à mesure que s'épuiseraient les circonstances qui l'avaient occasionnée. À un autre point de vue, les nécessités financières, ces dépenses toujours croissantes sans qu'on puisse toujours espérer de les compenser par des emprunts, ont dû conduire à la recherche des moyens propres à augmenter d'une manière durable la richesse publique. Tels sont probablement les motifs qui ont amené le gouvernement impérial dans une voie qui nous fera aboutir tôt ou tard à un régime de liberté économique. La nature et la portée des réformes en voie d'exécution aujourd'hui ressortiront des faits qu'il me reste à exposer.

### Notes

1.  Le fondateur de la filature mécanique du coton en France, le célèbre Richard Lenoir, qui possédait sept grandes manufactures et employait onze mille ouvriers, fut ruiné radicalement par cette baisse foudroyante, et il est mort dans la misère.

2.  J'ai emprunté largement, pour ce qui concerne notre législation douanière, à un excellent livre intitulé Études économiques sur les Tarifs de douanes, par M. Amé, directeur des douanes à Paris. C'est un de ces rares écrits qui épuisent une matière et portent la conviction dans les esprits.

3.  Voir à ce sujet Locré, Esprit du Code de Commerce, 1807, t. Ier.

4.  Locré, ibid.

5.  C'est ce que nous avons encore vu en 1856. Un nouvel accès de fièvre industrielle et d'agiotage s'étant déclaré, l'indignation publique a réclamé, comme en 1838, une loi destinée a prévenir les abus de la commandite : on en a fait une qui rend les commandites à peu près impossibles, et l'on commence à s'apercevoir que le remède est pis que le mal.

6.  Voyez le piquant opuscule de M. d'Esterno, Des Banques départementales en France, 1838.

7.  Si la noblesse d'Angleterre a pu s'enrichir par le monopole des céréales, c'était accessoirement en vertu de son droit féodal. Il en serait bien autrement d'une aristocratie politique, dont l'unique raison d'être serait l'enrichissement par l'industrie.

8.  Les clameurs des populations ne cessèrent pas pendant huit ans : ce n'est pas ici le lieu d'examiner jusqu'à quel point elles étaient fondées. On les apaisa en 1854 en subdivisant la compagnie des mines de la Loire en quatre groupes, constitués à l'état de

sociétés distinctes avec des administrations spéciales.

9. Par ce procédé, l'Angleterre a eu vers 1817 une émission de 750 millions de francs avec cours forcé, et de 400 millions émis par les autres banques, avec cours non forcé.

# Un Principe nouveau ; Progrès comparés de l'Angleterre et de la France

## IV. Un principe nouveau.

Notre époque est pleine d'imprévu.et de contrastes bizarres : pour qui l'observe, elle devient presque une énigme à force de contradictions. Tel peuple longtemps amoureux de ses institutions libérales en fait tout à coup bon marché, tandis que sur d'autres points des populations endormies se réveillent avec la fièvre de l'indépendance. Une nation libre d'ancienne date, et citée autrefois pour sa turbulence politique, en arrive à un calme intérieur qui touche à l'apathie, et les souverainetés absolutistes, honteuses de leur immobilité, courent après le mouvement. Jamais l'esprit de conservation n'a été plus vigilant ni plus tenace, et l'esprit novateur s'infiltre en toutes choses. Chaque race prétend se caser à sa convenance, sans le moindre souci des contrats diplomatiques. L'ancien droit de la force, les instincts de conquête, tombent en discrédit, et rarement on a mis sur pied des armées aussi formidables. Les haines nationales s'amortissent ; au lieu de s'isoler comme autrefois dans un égoïsme farouche, d'aviser sans cesse aux moyens de se nuire, les peuples sont disposés à renverser les barrières : ils comprennent que tout progrès chez l'un est profit pour les autres, et malgré cela on vit dans l'appréhension d'un embrasement général. En tout pays, la richesse augmente comparativement au passé, et partout on se plaint de la gêne eu égard aux nécessités du présent.

Il y aurait bien d'autres contradictions à signaler. On s'abuserait étrangement, si l'on s'obstinait à ne voir ici qu'un jeu aveugle des passions humaines, un effet sans cause. Des symptômes analogues apparaissent chaque fois qu'un principe nouveau, et naturellement suspect jusqu'à ce qu'il soit bien compris, vient mettre le passé aux prises avec l'avenir. L'Europe est entrée en plein dans une crise de ce genre. Le principe auquel il est fait allusion en ce moment, celui de la liberté économique, semble déjà ancien, si l'on n'y veut voir qu'une hypothèse philosophique, discutable comme toutes les formules d'école. Ce qui est essentiellement nouveau, c'est l'adoption de la théorie par un grand peuple comme maxime fondamentale de son gouvernement, et un essai tellement heureux qu'il devient un fait politique de première importance. Dire en quoi consiste cette rénovation, et pourquoi elle se généralisera infailliblement dans le monde civilisé, montrer comment le phénomène économique, c'est-à-dire la politique appliquée aux intérêts positifs, réagit sur cette autre politique qui prétend s'inspirer de la notion abstraite du droit, mais qui ne découle en réalité que des antécédents historiques, des habitudes invétérées et du hasard, ce sera justifier le titre général donné à ces études. Avant d'en venir aux explications théoriques, il est bon d'épuiser les preuves matérielles.

## I. — France et Angleterre comparées

Une douzaine d'années avant la fin du dernier siècle, vers 1788, les deux grandes nations qui partagent ou se disputent actuellement la prépondérance, la France et l'Angleterre, professaient à peu près les mêmes principes en matière d'économie sociale : comme pratique industrielle, comme richesse et vitalité, elles se faisaient à peu près équilibre. Ce fait, que l'on a perdu de vue chez nous, ressortira des développements qui vont suivre. L'une des deux nations, l'Angleterre, pousse à l'extrême le vieux principe commercial, et elle en ressent les mauvais effets. Elle change, de direction, et pendant quarante ans, avec une énergie et un bon sens infatigables, elle prend à tâche d'aplanir un à un les obstacles à l'activité industrielle, d'abolir cette prétendue protection qui n'est que le masque du privilège, de restituer à l'individu, dans l'ordre du travail, sa pleine autonomie comme sa complète responsabilité. Même avant l'Angleterre, l'autre grande nation, la France, a l'intuition de la liberté économique. En un jour de fièvre, elle la réalise d'un seul coup, sans préparations, sans compter les obstacles. Presque aussitôt les convulsions politiques, les nécessités dévorantes de la guerre font évanouir son idéal. Pendant un quart de siècle, elle vit d'expédients plutôt que de principes ; C'est seulement en 1820, au moment où l'Angleterre essaie en tâtonnant sa première évolution économique, que notre législation commerciale commence à prendre la consistance d'un système. Esclave de ses vieilles habitudes et dominée en même temps par des intérêts nouveaux, la France s'applique à créer de grandes existences comme garanties d'ordre et de stabilité ; elle rêve une hiérarchie quasi-féodale, protégée dans son travail contre l'étranger, protectrice du travail à l'intérieur, et elle sacrifie la liberté à cette utopie. Elle confie à l'autorité un pouvoir discrétionnaire pour initier, empêcher, réglementer, rémunérer les actes industriels, et, à l'exception du petit groupe au profit duquel fonctionne la machine, on paralyse plus ou moins chacun, sous prétexte de protéger tout le monde.

Voilà donc les deux nations modèles lancées dans des voies opposées : l'une tendant de plus en plus vers la liberté, l'autre allant systématiquement au-devant de l'arbitraire. Parties du même point il y a quelque soixante ans, elles ont fourni en sens contraires leurs courses laborieuses. Voyons où elles ont abouti. Si, du développement comparatif des populations, des finances publiques, de l'activité industrielle, du bien-être populaire, il résulte que l'un des deux peuples a acquis une sécurité plus grande à l'intérieur et une force prépondérante sur la scène politique, ne sera-t-il pas raisonnable d'admettre que ce peuple a trouvé la bonne voie ? Comparons donc la France et l'Angleterre aux deux époques significatives [1] : l'expérience est saisissante, et d'une telle opportunité que je ne crains pas de solliciter du lecteur une attention toute spéciale.

POPULATION. — Les mouvements de la population en plus ou en moins, lorsqu'on les observe isolément et abstraction faite des autres phénomènes sociaux, ne sont pas des indices certains de prospérité ou de décadence. Il suffit quelquefois d'un vice dans la loi politique ou de quelque épidémie morale pour produire une multiplication rapide et maladive qui devient un fléau : l'Irlande et la Chine offrent des exemples souvent cités. Il importe donc, pour avoir la mesure des progrès accomplis, de vérifier jusqu'à quel point l'accroissement du nombre coïncide avec l'augmentation des ressources publiques et particulières. La pullulation d'une foule misérable est, à vrai dire, un cas exceptionnel. La fécondité résultant de l'aisance au sein des familles, voilà le fait normal, et si le développement soudain d'une population n'est pas toujours la preuve d'un état économique excellent, c'est au moins une présomption favorable.

Jusqu'au commencement de notre siècle, c'est-à-dire tant que la Grande-Bretagne conserva un régime économique à peu près semblable à celui des pays continentaux, la supériorité relative du nombre fut du côté de la France, Il y a cent ans (1760) que le célèbre géographe Busching, à défaut de documents positifs, se livrait à des évaluations dont le résultat était d'attribuer aux trois royaumes britanniques une population totale de 8 millions d'âmes. Le premier dénombrement officiel, qui date de 1801 et qui concerne seulement l'Angleterre, le pays de Galles et l'Ecosse, constate l'existence de 10,951,000 habitants. La population de l'Irlande n'était alors connue qu'approximativement : on lui attribuait à peu près 5 millions d'âmes, de sorte qu'on pouvait se représenter par le chiffre de 16 millions les forces de l'empire britannique. Aux termes du dernier recensement exécuté dans la journée du 8 avril 1861, les trois royaumes comprenaient 29,334,788 habitants. Remarquons en outre que, de 1815 à 1859 inclusivement, les tableaux de l'émigration volontaire donnent un total de 4,917,598 individus : si tous ceux qui ont ainsi déserté leur pays y étaient restés en fondant des familles, la population britannique serait aujourd'hui égale en nombre à celle de la France [2].

Il ne faudrait pas se figurer que cette augmentation a pour cause la fécondité exceptionnelle de l'Irlande. Le gouvernement métropolitain y rencontre de telles résistances qu'il ne lui a pas encore été permis d'y constater le nombre des mariages. Les registres tenus par le clergé catholique ne lui sont pas communiqués. Il est même à croire que les déclarations de naissances et de décès sont assez irrégulières. Ce malheureux pays porte la peine de ses préjugés et de son imprévoyance. La misère y tient en balance la vie et la mort. Une pullulation calamiteuse avait porté jusqu'à 8 millions 1/2 le nombre de ses habitants : la famine meurtrière de 1847 et le grand exode qui en a été la suite, certaines modifications dans le régime économique, peut-être aussi un peu plus de prévoyance au sein des familles, ont abaissé la population au-dessous du chiffre consigné dans le cens de 1821. On y a compté seulement 5,792,000 âmes dans la journée du 8 avril 1861. On dit que depuis cette époque bon nombre d'émigrés aux États-Unis reviennent dans leurs foyers pour se soustraire aux éventualités de la guerre civile. Quoi qu'il en soit, l'Irlande ne contribue pas pour beaucoup au prodigieux accroissement de la famille britannique. C'est dans l'Angleterre proprement dite qu'il faut étudier le phénomène, et on va voir par le tableau suivant que la progression est constante depuis le commencement du siècle.

Angleterre et Pays de Galles
*Mouvement progressif de la population, de 1801 à 1861*

| Périodes décennales | Population moyenne pendant la période | Moyenne de l'accroissement annuel. | Proportion de l'accroissement par année |
|---|---|---|---|
| 1801-1810 | 9,518,278 | 129,059 | 1 sur 73 3/4 |
| 1811-1820 | 11,071,226 | 171,813 | 1 sur 64 |
| 1821-1830 | 12,926,722 | 187,932 | 1 sur 68 |
| 1831-1840 | 14,904,359 | 108,957 | 1 sur 75 |
| 1841-1850 | 16,420,878 | 201,246 | 1 sur 81 1/2 |
| 1851-1860 | 19,074,058 | 216,957 | 1 sur 88 |
| Année 1859, isolément | 19,742,361 | 248,309 | 1 sur 79 4/2 |

La population britannique a donc augmenté depuis le commencement du siècle dans la proportion de 83 pour 100. L'accroissement de la population française pendant la même période n'arrive pas à 34 pour 100 [3] ; mais à part cette différence, je dois signaler ici un contraste des plus remarquables, qui certainement ne se produit pas sans des causes essentielles. Le tableau anglais vient de nous montrer que le mouvement progressif a toujours oscillé dans des limites restreintes ; il semblerait que la vitalité sociale s'est développée sous l'influence d'une loi rigoureuse et permanente. L'accroissement annuel varie depuis soixante ans entre 12 et 16 pour 1,000 habitants. On arriverait à un résultat semblable pour l'Ecosse, qui est soumise aux mêmes conditions de croissance que l'Angleterre [4]. En France, c'est tout autre chose. La progression s'amoindrit presque constamment : elle tombe de 6 1/2 au-dessous de 2 pour 1,000 pendant l'avant-dernière période

(1852-56), et ne se relève pas même à 4 pour 1,000 à la dernière date. Le tableau qui va suivre n'éveille-t-il pas l'idée d'un corps portant en lui-même un germe de souffrance ?

France

*Mouvement progressif de la population, de 1801 à 1861* [5]

| Périodes décennales | Population moyenne pendant la période | Moyenne de l'accroissement annuel. | Proportion de l'accroissement par année |
|---|---|---|---|
| 1817 — 1821 | 29,982,833 | 191,617 | 1 sur 156 1/2 |
| 1822 — 1826 | 30,940,917 | 194,795 | 1 sur 159 |
| 1827-1831 | 31,994,591 | 166,299 | 1 sur 192 1/2 |
| 1832 — 1836 | 33,058,067 | 123,218 | 1 sur 268 |
| 1837 — 1841 | 33,885,544 | 129,013 | 1 sur 262 2/3 |
| 1842 — 1848 | 34,815,969 | 179,702 | 1 sur 194 |
| 1847 — 1851 | 35,592,465 | 106,076 | 1 sur 335 1/2 |
| 1852 — 1856 | 35,911,267 | 60,840 [6] | 1 sur 588 |
| 1857 — 1861 [7] | 36,376,265 | 134,760 | 1 sur 270 |
| Année 1857, isolément. | 36,096,806 | 115,034 | 1 sur 314 |
| 1858 | 36,195,938 | 95,320 | 1 sur 379 2/3 |
| 1859 | 36,261,872 | 38,563 | 1 sur 940 1/3 |

Les résultats du recensement quinquennal exécuté en 1861 viennent de nous fournir un nouvel élément de comparaison. À la fin de l'année 1861, la France comptait 37,382,225 habitants. Ce total comprend le contingent des départements récemment annexés, moins l'arrondissement de Grasse, qui a été détaché du département du Var et réuni à celui des Alpes-Maritimes. La déduction à faire pour la Savoie et le comté de Nice est de 669,059, ce qui laisse la population de l'ancienne France fixée à 36,713,166 âmes. Ces chiffres expriment les faits généraux constatés par les censeurs qui se sont présentés aux domiciles des citoyens. Les mouvements de détail qu'on apprécie par la comparaison des décès et des naissances ne sont encore connus que jusqu'en 1859 inclusivement A cet égard, les derniers renseignements laissent une impression assez triste. On y a pu voir par exemple que l'année 1859 a été affligée par une mortalité exceptionnelle. La population française n'a augmenté que d'une tête par 940 habitants, tandis qu'en Angleterre l'augmentation était de 1 pour 80, c'est-à-dire onze fois et demie plus forte. Les deux dernières années de la période quinquennale, sur lesquelles nous n'aurons des détails que dans deux ans, paraissent avoir été beaucoup plus favorables. D'après les résultats généraux du recensement, les années 1860 et 1861 ont dû présenter une augmentation annuelle de 212,000 âmes, ce qui nous relève au niveau des temps qui ont précédé la révolution de février. Si on applique le bénéfice des deux dernières années à la période totale (1857-61), nous trouvons en moyenne que la France a gagné un habitant de plus sur 270. Qu'on jette un coup d'œil sur le tableau consacré à l'Angleterre, on y verra que l'accroissement depuis dix ans est de 1 sur 88.

Bien qu'atténués par le document récemment publié, les rapprochements provoqués par les deux tableaux qui précèdent sont inquiétants pour nous : l'avouer est un devoir pénible, mais c'est un devoir, et ce mot dit tout. On a allégué, à propos des périodes récentes, que des fléaux exceptionnels, la guerre, la disette, le choléra, ont compromis le développement naturel de la population française. L'Angleterre aussi a combattu en Crimée ; comme nous, elle a laissé des cadavres par milliers à l'entour de Sébastopol ; elle a payé les blés aussi cher que nous en 1854 et 1855, et comme nous encore elle a souffert du choléra. Les gens pour qui la richesse inépuisable de la France devient un article de foi insinuent que les mouvements de population sont subordonnés chez nous à certaines dispositions morales qu'on apporte en entrant en ménage, et il semblerait, à les en croire, que tout Français a médité sur les recommandations de Malthus. N'est-ce pas déplacer la question et présenter l'effet pour la cause ? Les mariages sont aussi nombreux en France que dans la plupart des autres pays, et le sentiment de la tendresse paternelle y touche souvent à l'exaltation. D'où viendrait donc cette crainte de voir augmenter le nombre des enfants, si ce n'était que dans chaque famille on ressent la gêne sous les apparences du luxe, que les parents, fatigués de la lutte contre les difficultés de l'existence, voyant toutes choses enchérir et. les carrières lucratives s'encombrer, sont dominés par une vague inquiétude en pensant à l'avenir des enfants ?

Ne cherchons donc pas à nous faire illusion. Si le ralentissement dans la fécondité nationale se prononce de plus en plus, cela tient à ce que tout mal s'aggrave à moins qu'on n'y remédie. La cause réside dans les vices de notre régime économique : notre langueur provient de toutes les fautes commises, de toutes les erreurs triomphantes chez nous depuis les premiers jours du siècle. Les Anglais ne s'y sont pas trompés. Un observateur ordinairement impartial et judicieux écrivait à propos des derniers recensements : « Permettez-moi de signaler à l'attention de vos lecteurs un phénomène des plus remarquables. La population britannique doit augmenter de *mille âmes quotidiennement*. D'un autre côté, le paupérisme a diminué constamment et rapidement. À quoi attribuer un résultat aussi satisfaisant, si ce n'est à notre *free trade*, qui a décuplé à la fois le comfort de nos basses classes et la richesse nationale ? » Cette idée, souvent exprimée chez nos voisins, recevait, il y a peu de jours, une publicité retentissante. En analysant le *Registrar general*, recueil publié par les commissaires qui ont charge d'enregistrer les naissances et les décès, le *Times* établissait qu'en 1859 la France, avec une population plus nombreuse d'un sixième, avait eu moins de naissances et beaucoup plus de morts [8] que les trois royaumes, qu'en définitive la population britannique s'était accrue de 373,650 âmes, tandis que la France n'en avait gagné que 38,563. Les commissaires du *Registrar general* ajoutaient ce commentaire : « La salubrité du sol et du climat de la France est indiscutable, et par elles-mêmes les occupations agricoles sont favorables à la santé ; mais jusqu'à présent l'industrie a été paralysée dans les villes par le système protecteur, et dans les campagnes les ressources sanitaires font généralement défaut. » En effet, la stagnation de 1859 paraît avoir été occasionnée bien moins par les pertes de la guerre d'Italie que par des épidémies très intenses qui ont frappé beaucoup d'enfants dans nos campagnes.

Bien que le peuplement rapide d'un pays ne soit pas toujours la preuve d'un bon état social, je serais surpris si le rapprochement que je viens d'établir ne suscitait pas tout d'abord une présomption en faveur de l'Angleterre. Poursuivons le parallèle dans les diverses directions.

FINANCES. — A la fin de 1815, la nation anglaise fléchissait sous le poids de sa dette, et l'Europe s'attendait à quelque catastrophe financière. Le capital emprunté s'élevait à 21 milliards 526 millions de francs, et l'intérêt à payer annuellement dépassait 816 millions. Amoindrir ce fardeau a été considéré par tout homme d'état comme la partie importante de sa tâche. D'heureuses réductions d'intérêt, des conversions de titres, des économies réalisées, des dettes temporaires arrivées à leur extinction, ont contribué petit à petit à ce résultat. Au commencement de 1854, avant la guerre de Crimée, la dette était réduite en capital à 19 milliards 227 millions, supportant un intérêt annuel de 693 millions de francs, y compris le service des bons de l'échiquier correspondant à notre dette flottante. Ainsi, dès cette époque, le capital était amoindri de 2 milliards 299 millions, et l'abaissement de l'intérêt annuel était de 113 millions. L'expédition de Crimée, la révolte de l'Inde, cette vague appréhension qui a engendré la fièvre des défenses nationales, avaient fait remonter dès la fin de 1859 le chiffre nominal de la dette permanente [9] au-delà de 20 milliards. Depuis deux ans, des sommes énormes ont été demandées au peuple anglais pour l'armement des côtes. Même en tenant compte des récents sacrifices, on constaterait que le peuple anglais est parvenu à réduire sa dette, depuis 1816, d'environ 1,200 millions en capital et de plus de 100 millions en intérêts.

En France, la dette nationale, à la fin de 1815, ne se composait pas seulement des 63,307,637 francs de rentes en 5 pour 100 inscrites officiellement sur le grand-livre à la rentrée des Bourbons ; il est juste d'y ajouter certaines dettes qu'il a fallu inscrire postérieurement, mais qui se rapportent évidemment à l'empire, telles que l'arriéré qui s'était formé de 1801 à 1815, les rentes attribuées aux communes en remplacement du revenu de leurs biens, que le gouvernement avait vendus à son profit en 1813, le montant des emprunts faits pour réunir l'énorme contribution de guerre payée aux armées étrangères, espèce de restitution, car ces tributs restaient probablement fort au-dessous des sommes que la France avait reçues au même titre des peuples vaincus précédemment. Avec ces additions, le montant de la rente consolidée s'élevait à 193,325,102 francs de rente, somme qui, capitalisée à son taux nominal, représentait un capital de 3,866,502,040 francs. D'autres charges pesaient sur le trésor : 13 millions de rentes viagères qui sont arrivées presque généralement au terme naturel de leur extinction ; 167 millions de capitaux de cautionnement pour l'intérêt desquels il y avait à fournir 6 millions 1/2 ; une dette flottante de 73 millions. En résumé, la dette réelle à cette époque correspondait à un capital de 4 milliards 107 millions, et l'annuité à payer était de 216 millions. — J'ouvre le budget accordé pour 1861, et je constate que les quatre catégories de rentes perpétuelles, la dette flottante, les cautionnements et certaines charges temporaires [10]représentent nominalement une dette de 10 milliards 1/2, comportant un intérêt d'environ 398 millions.

Ainsi, pendant cette période de quarante-cinq ans qui commence avec la restauration, la Grande-Bretagne est parvenue à réduire le capital de sa dette d'environ 1,200 millions, tandis que la France augmentait la sienne de plus de 6 milliards 1/2. Pendant là même période, l'Angleterre allégeait d'une centaine de millions son fardeau annuel, tandis que la France augmentait de 183 millions la somme des intérêts qu'elle paie à divers titres, et qu'il faut prélever sur les ressources générales du pays.

Mais chez nous, dira-t-on, l'initiative, toujours dispendieuse, des grandes œuvres nationales est prise par l'état. La France a acquis l'Algérie, qui doit lui coûter aujourd'hui quelque chose comme 1,500 millions ; elle est en train de compléter un magnifique réseau de chemins de fer ; vers la fin de l'année 1860, elle y avait consacré 3 milliards 590 millions, sans être au bout de ses sacrifices, et on peut circuler dès à présent sur 9,500 kilomètres. Cela est fort bien assurément, et les hommes d'état qui affirmaient, il y a vingt-cinq ans, qu'il y avait folie à dépasser le rayon de Saint-Germain doivent être bien ébahis ; mais l'Angleterre a fait mieux encore. Sans avoir recours à l'état, elle a exécuté déjà 15,500 kilomètres de *rail-ways*, qui sont en exploitation dans les trois royaumes ; elle a trouvé pour cette œuvre plus de 8 milliards, sans compter 600 millions dépensés depuis 1848 seulement pour jeter des lignes de fer à travers l'immense empire indien. — Quant aux entreprises coloniales de l'Angleterre tant dans l'Inde que dans l'Océanie, je ne me permettrai pas d'établir une comparaison avec notre Algérie ; on avouera toutefois que notre rivale a su tirer un bien autre parti de ses acquisitions.

INDUSTRIE ET COMMERCE. — En matière de commerce extérieur, les rapprochements comparatifs sont fort difficiles : ils manquent presque toujours de précision, parce que les éléments, les cadres, les règles d'évaluation sont rarement les mêmes de part et d'autre. Souvent aussi les indices sont trompeurs : par exemple, les gros chiffres qu'on prend pour symptômes du progrès peuvent être les résultats d'une calamité ; une disette, comme en 1847 ou en 1856, peut ajouter 200 millions au total des entrées par la nécessité ou on se trouve d'importer des grains ; une autre fois, une crise commerciale, mettant les industriels dans l'obligation de réaliser à tout prix, comme en 1848 et 1849, augmentera démesurément le mouvement des exportations. Pour éviter ces causes d'erreur, il faudrait multiplier les explications à l'infini. Toutefois, si le rapprochement que je vais établir n'est pas un bilan exact, il en sortira cette impression, que la supériorité commerciale de l'Angleterre est un phénomène tout nouveau, et qu'elle résulte seulement des évolutions, économiques opérées depuis le commencement du siècle.

Avant 1789, il n'y avait pas grande différence entre les deux pays pour l'activité du commerce extérieur : la balance penchait même souvent en faveur de la France. De 1785 à 1787 par exemple, les exportations françaises se sont élevées en moyenne à 543 millions de francs. L'Angleterre n'en était pas encore là. Le relevé de ses exportations de 1784 à 1792 donne pour chiffre moyen 465 millions en valeurs officielles, un peu inférieures, il est vrai, aux prix réels du moment. Quant aux importations, elfes restaient généralement au-dessous des envois à l'étranger, et on s'en félicitait, parce que les négociants et les administrateurs de cette époque, sous la fatale illusion de la balance du commerce, considéraient comme un bénéfice net pour le pays le solde qui était réalisé en argent [11]

Je surprendrai bien des gens peut-être en constatant que l'Angleterre nous était inférieure industriellement il y a trois quarts de siècle ; mais alors, remarquons-le bien, les grandes spécialités qui assurent aujourd'hui la prépondérance de nos voisins y étaient peut-être moins avancées que chez nous. La Grande-Bretagne, en 1788, ne possédait encore que quatre-vingt-huit hauts-fourneaux, produisant 68,300 tonnes de fer en masse, dont la cinquième partie à peine était obtenue au moyen de la houille. La France, suivant des états commerciaux de 1789, possédait déjà deux cent quarante-trois petites forges au bois et huit cent soixante-huit feux d'affinerie ou forges à la catalane. Je crois qu'on arriverait aisément à démontrer que sa fabrication, tant en fonte qu'en fer et acier, dépassait en quantité celle de l'Angleterre [12] et lui était très supérieure en qualité et en valeur.

Peut-être aussi avions-nous l'avance pour le coton ! La production de la matière brute avant la révolution, celle du moins qui était mise à la disposition de la fabrique européenne, représentait environ 30 millions de kilogrammes. La France seule en recevait le tiers, y Compris les 4 ou 5 millions de kilogrammes qu'elle tirait de ses colonies d'Amérique [13]. Jusqu'en 1785, l'Angleterre n'utilisait pas même 8 millions de kilogrammes, dont elle était obligée d'acheter une grande partie aux importateurs français. L'arrivée à Glasgow d'un industriel de Rouen qui vendit le secret du fameux rouge de Turquie donna à l'industrie cotonnière une impulsion qui fut remarquée : quinze cents métiers furent installés en peu de temps pour la fabrication d'une espèce de foulards qui était à la mode. One progression, qui ne s'est plus démentie, commença seulement vers » 1787, c'est-à-dire du moment où la grande industrie a daigné jeter les yeux sur les merveilleuses inventions d'Hargreaves et de Crompton. En cette même année, Watt parvint, et non sans peiné, à introduire une de ses machines à vapeur dans une filature de coton ; mais l'exemple qu'il donna ne fut suivi d'une manière à peu près générale que. vers la fin du siècle.

À l'époque prise ici pour point de départ, la consistance commerciale de l'Angleterre avait pour base le travail de la laine : les exportations en ce genre dépassaient 50 millions de francs. Nos manufactures étaient beaucoup» moins actives, mais leurs produits avaient aux yeux des étrangers le prestige de la qualité et du bon goût : cela suffisait pour élever nos exportations à 22 millions de francs. Quant à la soie, la supériorité de notre pays était éclatante à tous égards. On y comptait vingt-huit mille métiers pour la confection des étoffes d'habillement, vingt mille pour la bonneterie et la ganterie. On employait à ces divers usages 1,300,000 kilogrammes de matières premières, dont la moitié était fournie par nos campagnes. Dans la Grande-Bretagne, 399,093 kilogrammes de soie brute ou moulinée (moyenne de 1785-87) suffisaient à tous les emplois.

Il n'est pas nécessaire de multiplier les exemples : ceux que je viens de produire suffiront pour faire comprendre comment à cette époque l'industrie française pouvait aller de pair avec celle de nos voisins. Mesurons maintenant le chemin qui a été fait de part et d'autre en soixante-dix ans. Le dernier exercice publié avec détails, celui de 1859, donne les résultats suivants [14] :

| | |
|---|---|
| Importations anglaises (valeur déclarée) (179,334,981 l. st.). | 4,483,374,525 fr. |
| Importations françaises (comm. gén. — Val. act.) | 2,354,800,000 |

La valeur des marchandises envoyées de toutes parts sur les marchés britanniques dépasse donc aujourd'hui les importations françaises de 2 milliards 128 millions, soit plus de 90 pour 100.

| | |
|---|---|
| Exportations anglaises (valeur déclarée) (130,440,427 l. st.) | 3,261,010,075 fr. |
| Importations françaises (comm. spéc. — Val. act.) | 2,260,400,000 |

Les ventes faites par l'industrie britannique dépassent le chiffre des exportations françaises de 994 millions, soit près de 44 pour 100. Si maintenant on entrait dans le détail des chiffres, on verrait que la supériorité britannique tient au développement de certaines industries qui, sous l'ancien régime, étaient à peu près de niveau dans les deux pays, mais auxquelles a manqué chez nous l'aiguillon de la concurrence. Ainsi l'Angleterre savait au siècle dernier, comme aujourd'hui, que son sol est riche en fer et en charbon, et la possibilité de réduire les minerais au moyen du coke était démontrée depuis longtemps. La routine résistait, la législation créait des obstacles : les métallurgistes transportaient leurs capitaux et leur industrie en Suède et en Russie. Tout à coup l'émulation se développe, et, au lieu de 30,000 tonnes de fer exportées en 1788, l'Angleterre envoie aujourd'hui à l'extérieur, après avoir pourvu chez elle à des besoins immenses, 1,534,705 tonnes au prix de 287 millions. L'exportation française est certainement tombée fort au-dessous de ce qu'elle était à la fin du siècle dernier.

Il y avait soixante ans que John Wyatt avait filé à la mécanique le premier écheveau de coton : la grande industrie n'avait pas encore daigné s'intéresser aux essais de quelques artisans pauvres et obscurs. Le charpentier Hargreaves et le tisserand Crompton mouraient de faim. Dans quelques villages où avait germé, on ne sait comment, l'ambitieuse pensée de créer des métiers, c'étaient les capitalistes de l'endroit, le charron, le menuisier, le tanneur, le cordier, qui s'entendaient pour fournir la ferrure ou le bois, les courroies ou la ficelle ; mais voilà que la France révolutionnée prend en haine la *perfide Albion*, et menace de l'anéantir. Il faut s'enrichir pour mieux résister ; le travail, c'est la lutte, c'est la victoire. Chacun se met à sa tâche. On s'engoue pour les inventions dédaignées ; le capital abonde, les perfectionnements se succèdent, si bien qu'en 1859 on introduit pour être utilisés 547,316,000 kilogrammes [15] de coton en laine, et qu'on exporte en fils et en tissus une valeur de 1,205,211,100 francs. Nous recevons actuellement en matière brute 82 millions de kilogrammes, et nous exportons pour 68 millions de francs. Depuis 1788, l'Angleterre a progressé dans la proportion de 1 à 55, et la France dans la proportion de 1 à 10.

La révocation de l'édit de Nantes avait chassé au profit de l'Angleterre nos maîtres et nos ouvriers les plus habiles dans le travail de la soie. Les réfugiés, quoique victimes de Louis XIV, restaient imbus des idées de Colbert ; ils croyaient qu'un ensemble de règlements restrictifs était nécessaire pour naturaliser dans leur nouvelle patrie la brillante industrie qui semble essentiellement française. Pendant plus d'un siècle, on les place pour travailler à l'abri d'une prohibition absolue, écartant même les tissus des Indes. On s'aperçoit en 1824 que leur spécialité n'a participé que très faiblement à l'essor général des manufactures. Sur la proposition d'Huskisson, le régime prohibitif est remplacé par des droits protecteurs de 30 pour 100 d'abord, et vingt ans plus tard de 15 pour 100. On encourage aussi les spéculations sur la matière brute en supprimant les droits fiscaux dont elle a été grevée. Grâce à ces mesures, l'Angleterre vend aujourd'hui à la France 2 millions de kilogrammes de soie brute, et, tout en recevant, des tissus de l'Europe et de l'Asie, elle confectionne chez elle pour ses propres besoins une quantité que je crois supérieure à la consommation française. Son exportation en soieries est faible encore, comparée à la nôtre : elle n'atteint pas en valeur 60 millions de francs ; mais patience ! les dernières réformes de M. Gladstone ont fait disparaître le peu qui restait du système protecteur, et, soyez-en certains, dans cette lutte à armes égales contre les artistes lyonnais, les fabricants britanniques ne tarderont pas à acquérir ce qui leur manque pour envoyer leurs produits avec avantage sur les marchés lointains.

La vitalité industrielle peut être encore mesurée par l'activité respective des correspondances, de la marine marchande, du cabotage. En 1859, la poste britannique a distribué 545 millions de lettres, soit plus de 18 lettres par chaque habitant des trois royaumes. La poste française n'a transporté que 260 millions de lettres, soit seulement 7 par habitant. — La puissance maritime appliquée au commerce est un des points de comparaison les plus humilians pour nous. Dès l'année 1787, la supériorité britannique existait, mais elle était infiniment moins marquée qu'aujourd'hui. On transportait alors sous pavillon anglais 1,101,711 tonnes, et sous pavillon français 457,990 tonnes seulement. À soixante-douze ans de distance, en 1859, le commerce français n'a opéré avec ses propres vaisseaux que sur 3,101,000 tonnes entrées et sorties, tandis que la marine nationale anglaises, transporté 13,311,843 tonnes [16]. Les mêmes proportions se reproduisent dans le trafic opéré de part et d'autre au moyen des navires étrangers. — Le grand et petit cabotage ne remue chez nous que 2 millions 1/2 de tonnes. Pour développer ce genre de trafic, qui est pour ainsi dire l'école primaire du marin, l'Angleterre l'a délivré de toute la prétendue tutelle administrative. La vapeur se substitue peu à peu à la voile, et déjà on distribue sur les diverses côtes britanniques 16 millions

1/2 de tonnes. — Au 31 décembre 1859, les vaisseaux marchands enregistrés dans les diverses possessions britanniques étaient au nombre de 36,979, tant à voiles qu'à vapeur, et leur tonnage total montait à 5,462,740 tonnes, ce qui donne une capacité moyenne de 150 tonnes par bâtiment. L'impulsion donnée augmente annuellement ce jaugeage de plus de 200,000 tonnes par la construction d'un millier de bâtiments en bois ou en fer, à voile ou à vapeur. La France, cela est triste à avouer, en est restée, à peu de chose près, aux chiffres des derniers temps de la restauration. Nous avons environ 15,000 petits navires jaugeant ensemble 1,096,000 tonneaux, c'est-à-dire d'une capacité moyenne de 66 tonneaux, presque trois fois moins grande que celle des bâtiments anglais [17].

Cette progression rapide du commerce anglais n'est cependant qu'un fait normal pour le pays où la liberté commerciale existe. Les bénéfices réalisés dans les entreprises n'étant point détournés artificiellement de leur fonction naturelle, le capital reproducteur se multiplie avec la puissance de l'intérêt composé en surexcitant de plus en plus l'activité nationale. La liberté, en matière de crédit, n'est pas complète en Angleterre ; mais le monopole y est bien moins exclusif que chez nous. Un économiste financier très judicieux et bien placé pour observer les faits dans leur réalité, M. Newmarch [18], a poursuivi pendant plusieurs années une laborieuse enquête dont on peut conclure que le capital mobile au service des banques publiques et particulières, et destiné aux escomptes de billets, aux avances sur, marchandises, aux facilités de toute sorte offertes à la spéculation, doit s'élever actuellement à 8 milliards de francs pour les trois royaumes, et qu'il y a constamment dans les portefeuilles des lettres de change et billets à ordre escomptés pour plus de 3 milliards. Si l'on entreprenait un calcul analogue pour la France, on arriverait à démontrer, je crois, que le capital consacré aux mêmes usages atteint à peine 1 milliard 1/2, dont les deux tiers ne sont probablement pas utilisés dans l'escompte du vrai papier de commerce.

CONSOMMATIONS. — Peut-être beaucoup de Français diront-ils : La vitalité commerciale de l'Angleterre est évidente, sa force productive dépasse la nôtre de beaucoup, nous voulons bien l'avouer ; mais la nation prise dans son ensemble est-elle plus heureuse ? Y a-t-il plus d'aisance et de sécurité au sein des multitudes obligées au travail quotidien ? A-t-on à craindre moins qu'autrefois cet antagonisme des classes qui mine les institutions, qui conduit les sociétés à la décadence en donnant à croire qu'elles ne sont plus dignes de la liberté ? A cela je répondrai qu'on ne ressent plus dans la société anglaise les appréhensions qui existaient il y a trente ans, et qui devinrent assez vives à cette époque pour qu'on abordât d'urgence la série des réformes. Ce n'est point à dire que toutes les plaies soient fermées ; mais le progrès est si évident, si généralement senti, que l'irritation a disparu ; les pauvres déjà doivent assez à la liberté commerciale pour attendre qu'elle achève son œuvre. On entrevoit, d'après les registres de l'*income-tax*, dans quelle proportion l'enrichissement collectif du pays a profité aux classes directrices. En 181 A, la matière imposable, c'est-à-dire l'addition de tous les revenus inférieurs à 1,250 francs, donnait (Irlande non comprise) un total de 4 milliards 300 millions de francs. Aujourd'hui la taxe n'est prélevée qu'à partir de 2,500 francs, mais elle comprend les trois royaumes. Le total des revenus déclarés s'élève à 7 milliards 1/2 de francs, ce qui permet d'évaluer à 9 milliards le revenu réel. Toutes compensations faites, on peut admettre que l'avoir des 600,000 familles composant les classes supérieures est plus que doublé depuis quarante-cinq ans.

Il est impossible de dire d'une manière précise et directe dans quelle mesure les progrès accomplis depuis quarante ans ont profité au restant de la nation. Rien de plus difficile, par exemple, que d'évaluer avec une probabilité suffisante la portion du revenu collectif qui est distribuée en salaires. On est réduit à cet égard à d'assez vagues conjectures. Je ne sais sur quelles bases M. Baines, membre du parlement britannique pour Leeds, évalue à 280 millions de livres sterling (7 milliards de francs) la somme des salaires composant le revenu des ouvriers anglais et à 500 millions sterling (12 milliards 1/2 de francs) la somme qu'ils ont capitalisée en meubles, habits, instruments de travail, argent de poche, fonds déposés dans les banques ou les caisses d'épargne. De la part d'un homme instruit, qui aime à se faire l'écho des doléances et des prétentions de la classe ouvrière, ce bilan n'est pas suspect d'exagération : il correspond assez bien d'ailleurs aux données approximatives résultant des études analogues faites en France. On en peut conclure que la production totale, autrement dit le revenu collectif des trois royaumes britanniques, atteint 21 milliards de francs : or, le revenu collectif de la nation française s'élevant actuellement à 16 milliards, il n'est pas hors de vraisemblance que la force productive de l'Angleterre dépasse de 30 pour 100 celle de notre pays. D'après les mêmes probabilités, cette somme de 7 milliards, partagée annuellement entre les salariés qui doivent former les deux tiers au moins de la population britannique, donnerait par tête 350 fr., soit 1,750 fr. pour un ménage de cinq personnes. — Pour la France, évaluer à 6 milliards (nourriture des campagnards comprise) la totalité des salaires distribués entre les 24 millions d'habitants composant la classe des ouvriers agricoles ou industriels, ce serait calculer largement ; même à ce compte, le revenu par tête serait de 250 francs, ou de 1,250 fr. pour le ménage normal de cinq personnes. Cet écart de 500 francs est d'autant plus regrettable que la satisfaction des besoins essentiels est plus coûteuse aujourd'hui chez nous que chez nos voisins ; mais, je le répète, les éléments d'une pareille comparaison laissent. trop de place aux conjectures ; je ne les offre ici qu'à l'état d'aperçu. Si l'on veut s'éclairer sur le sort de la multitude, il faut procéder indirectement et par voie d'induction, en évaluant la puissance effective des salaires, le développement de la vitalité nationale par l'importance des consommations.

Montrer que la rémunération du travail est généralement plus forte en Angleterre que sur le continent, ce n'est pas tout dire. On a constaté avec étonnement que ce genre de progrès profitait plus particulièrement aux ouvriers de la dernière classe, aux simples manœuvres. C'est que la multiplicité des échanges, donnant lieu à un remuement de masses énormes, oblige à dégourdir toutes les forces pour les utiliser. En 1860, l'Angleterre a importé 46 millions d'hectolitres de grains de toute sorte, ce qui représente le chargement de 3,500 bâtiments de 1,000 tonneaux chacun. Qu'on imagine ce qu'il faut de tisserands et de forgerons dans les fabriques pour payer tant de grains, et ce qu'il faut d'ingénieurs, de charpentiers de matelots, de portefaix pour la construction et le service de ces flottes ! On avait conservé jusqu'en 1850 une taxe sur les briques, dont le trésor tirait, au taux de 7 fr. 25 c. par mille pour les petites et de 12.fr. 50 c. pour les grandes, un revenu annuel de 12 millions de francs. Bans ces conditions, on fabriquait environ

1 milliard 200 millions de briques, valant une quarantaine de millions et pesant au moins 3 millions de tonnes. La brique étant le principal élément des constructions en Angleterre, on reconnaît qu'une taxe de ce genre équivaut à un impôt sur le logement du pauvre et tout le monde au parlement se trouve d'accord pour la supprimer. La fabrication étant soulagée d'une charge de 20 pour 100, et : surtout n'étant plus gênée par la surveillance des collecteurs de l'excise, elle change aussitôt ses procédés, perfectionne son outillage, et arrive à produire 2 milliards de briqués, valant au moins 60 millions. Il y a donc depuis dix ans une plus-value de 20 millions à partager entre les briquetiers, les charretiers, qui ont 2 millions de tonnes à voiturer en plus, les maçons, qui ont plus de maisons à construire, et peut-être les pauvres gens paient-ils leurs loyers un peu moins cher. Voilà comment les salaires s'élèvent en raison d'un travail plus demandé, voilà comment on attache un peuple aux institutions nationales !

En même temps que les ressources du prolétariat augmentent, les prix des consommations s'amoindrissent. Autrefois la cherté des denrées en Angleterre, à Londres surtout, était proverbiale ; je crois qu'aujourd'hui nos voisins ont l'avantage sur nous, du moins pour beaucoup d'articles. Depuis que le monopole n'assure plus au blé anglais une prime de 20 à 25 pour 100, les cours tendent à se niveler avec ceux des marchés continentaux. Les prix de 1859 se sont réglés en moyenne à 19 francs l'hectolitre, et si ce taux est. resté encore un peu supérieur au prix français, la différence n'était déjà plus de nature à influer notablement sur le prix du pain. Il est même à propos de faire une remarque que l'expérience vérifiera : dans les années fertiles où une faible importation sera suffisante, le blé se maintiendra en Angleterre à un niveau un peu plus élevé que dans les pays où une réglementation vicieuse détermine l'encombrement ; mais dans les années calamiteuses où l'importation sera un besoin général, les plus bas prix se trouveront probablement sur le marché le plus libre. En 1859, on a remarqué à Londres un léger abaissement dans le prix de la viande de boucherie. Le bœuf vendu sur les marchés de Leadenhall et Newgate, par morceaux de 8 livres anglaises, est revenu en moyenne à 1 franc 16 centimes le kilo pour l'ordinaire, et à 1 franc 42 centimes pour le premier choix. Les cours moyens ont été, pour le mouton, de 1 franc 27 centimes par kilo à 1 franc 54 centimes, suivant les catégories. Les pommes de terre se sont vendues 111 francs par tonne, soit 11 centimes le kilo. Ces prix paraîtront assez bas aux Parisiens. Je ne parle pas du poisson : l'Angleterre, favorisée à cet égard, a su élever la pêche à la hauteur d'une grande industrie. Chose étrange, quoique le trésor britannique prélève encore plus de 180 millions de francs sur le malt, le houblon et les licences de vendeur, la consommation de la bière diminue dans les trois royaumes ; elle est bien inférieure à ce qu'elle était il y a trente ans malgré l'accroissement énorme de la population. Cela tient sans doute à ce que l'usage des boissons chaudes s'est généralisé, ce qui est un avantage pour la décence publique, un signe d'aisance chez le peuple et un large profit pour le fisc. La consommation du thé, presque doublée depuis 1830, s'élève aujourd'hui à 32 millions de kilogrammes. L'emploi annuel du sucre raffiné correspond à 14 kilogrammes par tête. Avant les dégrèvements récemment opérés, on n'atteignait pas encore chez nous 5 kilogrammes.

Les loyers d'habitation sont généralement moins chers en Angleterre qu'en France : cela tient à la constitution de la propriété. Le fonds étant inaliénable, les constructions ont été faites en vertu de baux emphytéotiques, de sorte qu'à l'expiration des contrats, les familles féodales sont entrées en possession des immeubles qu'elles n'avaient point bâtis. C'est ainsi qu'une superficie considérable, qui donne aujourd'hui un des plus beaux quartiers de Londres, le West-End, est devenue la propriété du marquis de Westminster, ou que des villes presque entières appartiennent à des lords, comme Exeter à lord Robert Cecil. Sans m'aveugler sur les mauvais côtés de cet arrangement, je constate qu'il a eu pour effet de maintenir les loyers à des prix très bas comparativement à ce que nous subissons à Paris. Le grand seigneur anglais, sans rapports personnels avec ses locataires, ne connaissant parfois de ses maisons de ville que la rente transmise par son intendant, toujours disposé à donner aux baux une durée aussi longue que le locataire le désire, ne ressemble en rien à ces propriétaires qui gouvernent leurs immeubles dans l'incessante préoccupation d'en augmenter les revenus. L'excès du privilège féodal oblige à la modération celui qui en profite. Un avantage accessoire, qui compense pour l'Anglais les rigueurs de son climat, est l'abondance et le bon marché des combustibles.

André Cochut

À Londres, où le charbon de terre supporte une taxe spéciale, le prix de la tonne (1,016 kilos) est d'environ 25 francs, et la consommation y dépasse 2 tonnes par habitant. En ramenant à la puissance calorique de la houille les combustibles de toute sorte en usage à Paris, on trouve que la consommation équivaut à 700 kilogrammes par tête.

Pour peu qu'on étudie le système industriel de l'Angleterre, on remarque qu'il a pour principe, non pas la satisfaction d'une coquetterie idéale, mais la production par grandes masses des objets les plus indispensables à la multitude. Cette direction donnée aux manufacturés assure, en ce qui concerné le vêtement, des facilités incomparables au consommateur britannique. Sans reproduire des supputations et des décomptes infinie qui ne seraient pas à leur place, voici, en résumé et par aperçu, les résultats ressortant de la comparaison de l'année 1859. En Angleterre, la quantité de coton employée et réservée pour l'usage intérieur donne à chaque habitant une moyenne de 4 kilogrammes par année. En France, la consommation intérieure n'atteint pas 2 kilogrammes. — Pour les tissus de lin et de chanvre, les éléments d'appréciation ne présentent pas la même exactitude. Dans un rapport écrit en 1851 à propos de l'exposition de Londres, M. Legentil est parvenu à établir, en tourmentant un peu les chiffres, que la consommation en toile d'un Français est annuellement de 6 francs 55 centimes, tandis que celle d'un habitant de la Grande-Bretagne est limitée à 4 francs 75 centimes. Il faut avouer que nos rivaux, inférieurs dans cette seule spécialité, ont amplement pris leur revanche. Napoléon pour vaincre les Anglais sur leur propre terrain, avait offert un million à l'inventeur d'une machine propre à filer le lin. Philippe de Girard est mort, hélas ! sans avoir touché son million, et il a travaillé moins pour nous que pour les Anglais. Rien ne m'indique que notre industrie linière ait progressé depuis dix ans, du moins comme quantité produite. Je trouve même que l'exportation des fils, qui était de 207,000 kilogrammes en 1837, est tombée à 181,000 kilogrammes en 1859. Les Anglais au contraire ont doublé non-seulement leur exportation, mais leur consommation domestique. En 1859, après avoir expédié, tant en fil qu'en toile, 46 millions de kilogrammes, il en est resté pour les besoins de l'intérieur plus de 80 millions, qui, au prix moyen de 3 francs 50 centimes, correspondent pour chaque habitant à une consommation dépassant 2 kilogrammes 3/4 en quantité, et 9 francs 55 centimes en valeur. Pour la laine, voici les résultats : la France travaille 104 millions de kilos et en exporté 18 ; les 86 millions débités à l'intérieur représentent par habitant un emploi de 2 kilos 4/10es et une dépense en argent de 21 francs. 60 centimes, le kilo étant évalué à 9 francs en raison de la finesse des produits. En Angleterre, la quantité de laine livrée en 1859 aux manufactures paraît avoir été de 165 millions de kilos ; la réexportation en articles fabriqués est de 47 millions. Le contingent de l'intérieur, estimé seulement au prix de 8 francs le kilo, donne par tête environ, kilos en quantité et 32 francs en valeur. — J'ai déjà eu occasion de dire, quant à la soie, que l'usage en était plus vulgarisé en Angleterre que chez nous.

CONDITION DU PEUPLE. — Après l'étendue des consommations, un des plus sûrs moyens d'apprécier le sort des multitudes est de mesurer la part qu'elles font à la prévoyance. La situation, comparative des caisses d'épargne, de retraite et de secours mutuels dans les deux pays rivaux est la réponse la plus directe aux lamentations qu'on fait encore par habitude sur le sort des ouvriers anglais. On distingue dans l'empire britannique les caisses d'épargne proprement dites (*savings banks*) des simples bureaux (*money order offices*) chargés seulement de recevoir et de transmettre les versements. Les caisses principales, au nombre de 597, ne sont ouvertes qu'une heure ou deux par semaine. Les succursales, tenues bénévolement par des personnes offrant sécurité, sont ouvertes tous les jours, le dimanche excepté, de neuf heures à cinq heures : on en compte environ 2,400. On a de plus essayé avec succès ; un système tendant à faire des bureaux de poste autant de succursales des caisses d'épargne, et des récépissés de ces bureaux un élément de circulation. À la date des derniers documents. officiels (novembre 1859), le nombre total des déposants était de 1,479,723. Le total des sommes déposées et portant intérêt s'élevait à 974,896,900 fr. Depuis dix-huit mois, la progression paraît encore pins marquée que de coutume malgré cette vague anxiété qui a paralysé les affaires partout ailleurs.

Le, dernier compte-rendu en France se rapporte aussi à la fin de l'année 1859. Il y avait alors dans nos 433 caisses d'épargne 1,121,465 comptes ouverts, représentant à l'avoir, des déposants 336,461,832 fr. Il est juste de faire remarquer qu'en France la loi défend d'inscrire plus de 1,000 francs au nom, d'un même déposant, tandis qu'en Angleterre il n'y a pas délimites à l'importance des dépôts, ce qui permet à plusieurs corporations de placer leurs fonds dans les *savings banks*. Toutefois, même en. ne tenant compte que des crédits inférieurs à 1,000 francs, on voit qu'à la fin de 1859 ! il y avait déjà 1,198,763 livrets de cette catégorie, représentant un avoir un peu supérieur à celui des créanciers français. L'avantage reste donc encore à la Grande-Bretagne, puisque le nombre des déposants était à cette époque de 1 sur 24 habitants, et de 1 sur 32 chez nous.

Il y a d'autres moyens de prévoyance dont la pratique plus ou moins vulgarisée au sein des sociétés donne assez exactement la mesure de l'aisance qui y règne : ce sont les sociétés de secours mutuels (*friendly societies* en Angleterre), les caisses de retraite, les assurances sur la vie. Dans le monde britannique, les *sociétés amicales* se sont développées en pleine liberté, sans être privées pour cela d'une surveillance tutélaire de la part du gouvernement. On en a enregistré 28,550 depuis 1793 ; mais il ne paraît pas qu'il y en ait plus de 6,000 fonctionnant régulièrement, le bénéfice de leurs opérations s'étend à deux millions d'individus. Les rentes qu'elles distribuent en secours de toute espèce découlent d'une somme de 225 millions de francs, lentement accumulée : ce capital est placé en très grande partie dans la dette flottante de l'état, et ne fait double emploi avec le fonds des caisses d'épargne que pour une quarantaine de millions. Je signalerai, pour mémoire seulement, les caisses de retraite que l'état a essayé d'établir au profit des pauvres, et qui n'ont jamais pu recueillir plus de 3 millions de francs : le besoin de cette institution n'était pas senti en Angleterre, parce que les sociétés amicales servent des retraites à leurs membres, et que les banques à fonds réunis attirent au grand profit du pays une bonne partie des économies réalisées dans les petits ateliers et les petits comptoirs. Ces chiffres se rapportent aux classes qui sont placées au-dessous de la moyenne dans l'échelle des ressources et des conditions. — Voyons ce que les mêmes classes en France ont pu faire jusqu'à présent pour leur avenir. Nos sociétés de secours mutuels, aussi bien libres qu'autorisées, étaient à la fin de 1860 au nombre de 4,327, et comprenaient 559,820 membres, dont 65,137 honoraires, n'intervenant que pour exercer un patronage, et 494,683 admis à réclamer assistance en cas de maladie ou une petite subvention dans l'extrême vieillesse. Ces sociétés n'avaient pu réaliser que 25,404,037 francs, y compris les subventions et donation volontaires, qui sont considérables, et les 3 ou 4 millions versés dans la caisse de retraite. Quant à cette dernière institution, destinée (k servir des pensions viagères qui ne peuvent pas excéder 600 francs, elle a reçu depuis son origine jusqu'à la fin de 1859 la somme de 55,543,178 fr., ce qui représentait environ 55 francs de rente viagère pour chacun de ses 96,000 clients. Si la comparaison avec l'Angleterre n'est pas en notre faveur, ce n'est pas que le sentiment de la prévoyance soit moins éveillé au sein de la population française : la différence, il est triste de le dire, n'a pas d'autre cause qu'une difficulté plus grande d'économiser.

La disproportion serait encore bien plus significative, bien plus affligeante pour nous, si on appliquait le même genre de recherches, non plus aux classes nécessiteuses, mais à celles qui vivent dans une aisance relative et peuvent garantir la sécurité des vieux jours sans trop enlever au présent. Les banques de prévoyance (*life assurance*) qui ont pour spécialité de servir des rentes viagères ou de verser un capital à la famille privée de son chef, sont très nombreuses en Angleterre : on en compte environ cent quatre-vingts, et on estime à 5 milliards de francs les sommes accumulées dont elles servent l'intérêt [19]. La prospérité de ces établissements, symptôme de l'aisance publique, n'a jamais été plus remarquable qu'en ces derniers temps. De 1852 à 1854 inclusivement, vingt-six de ces compagnies seulement ont encaissé 539 millions. — Chez nous, les assurances sur la vie ne datent que du commencement du siècle, où l'état, en consolidant le grand-livre, a renoncé à constituer des rentes viagères. Il existe actuellement une quinzaine de compagnies tant à primes fixes que par mutualité, et malgré la garantie et les avantages que la plupart d'entre elles présentent, je doute qu'elles soient parvenues à recueillir jusqu'à ce jour 600 millions de francs.

Il est un fait qui a singulièrement contribué à fausser les appréciations du public français sur l'état économique de l'Angleterre : c'est la taxe des pauvres. En lisant les justes critiques auxquelles cette institution a donné lieu, on s'est représenté des bandes affamées, presque menaçantes, aux besoins desquelles suffisaient à peine 150 ou 200 millions arrachés aux citoyens. On a rêvé une société rongée par une misère exceptionnelle. Il eût été peut-être plus exact de tirer une conclusion opposée. La loi qui régit le paupérisme en Angleterre, très mauvaise assurément, et les Anglais le savent bien, n'en est pas moins un indice à signaler pour démontrer la richesse comparative de la nation. Il faut un corps social très vigoureux pour résister à un pareil remède. Tout individu, jeune ou vieux, valide ou infirme, qui se présente en affirmant qu'il a besoin de secours, a droit à l'assistance. Cette aveugle générosité ouvrait carrière à bien des abus : entre la paresse des ouvriers et la rapacité de certains maîtres, il y avait une sorte d'entente secrète dont le résultat était de faire payer par la paroisse une partie des salaires. À partir de 1834, une série de mesures ont modifié les traditions de la charité légale de manière qu'elle ne fût plus réclamée que dans les cas de sérieuse nécessité ; Suivant l'appréciation des inspecteurs, les assistés sont classés en deux catégories : les uns reçoivent des secours à domicile ; les autres, ceux qu'on suppose en état de travailler utilement, sont enfermés dans des maisons de travail (*work-houses*), où ils doivent gagner, par un labeur fatigant, la maigre pitance qu'on leur donne. Ces changements, autant que la prospérité croissante de la communauté, ont réduit considérablement le nombre des pauvres et la charge imposée aux citoyens. Les trois royaumes britanniques distribuent chaque année 160 millions de francs entre 1,120,000 individus, dont 200,000 au moins sont des adultes valides : c'est une subvention d'environ 152 francs par tête. En somme, dans les conditions où la charité légale s'exerce, il n'y a guère de pauvre qui ne puisse être préservé des plus douloureuses privations.

Que fait-on en France pour le soulagement de la misère ? On a fait chez nous de l'indigence une sorte de privilège ; on n'est considéré comme misérable et admis aux secours publics qu'à la condition d'être inscrit sur les registres des bureaux de bienfaisance, et pour obtenir cette faveur il ne suffit pas, comme en Angleterre, d'affirmer qu'on est dans le besoin : il faut avoir au moins l'âge de soixante ans, ou être surchargé de famille, ou affligé d'une infirmité qui rend le travail impossible, Ceux qui remplissent ces tristes conditions sont inscrits comme tels au nombre de 1,330,000 ; mais la circonscription des bureaux de bienfaisance ne s'étend que sur 16 millions d'habitants, de sorte qu'en évaluant par analogie le nombre des indigents qui doivent se trouver dans les cantons où les moyens de secours n'existent pas, on peut supposer que la France entière renferme 3 millions de ces pauvres qui sont atteints d'une misère en quelque sorte incurable. Or la recette collective des bureaux de bienfaisance est inférieure à 18 millions de francs ; après déductions faites pour les frais d'administration et les placements de réserve, la somme à partager fournit aux, individus qui ont le privilège de l'inscription un secours annuel d'environ 12 francs par tête en moyenne, 3 centimes 1/3 par jour [20]. Dans les localités où les inscriptions ne peuvent pas avoir lieu, puisqu'il n'y a pas de bureau de bienfaisance, c'est-à-dire dans plus de la moitié de la France, on ne distribue rien. Je sais bien que la bienfaisance officielle a pour auxiliaire chez nous la charité privée, qui est très active et très ingénieuse ; mais les établissements charitables soutenus par des contributions volontaires ne sont pas moins multipliés en Angleterre : à Londres surtout, leur nombre et leur diversité sont des sujets d'étonnement pour l'étranger. On aurait tort de considérer le rapprochement que je viens de faire comme une apologie du système d'assistance légale usité en Angleterre : j'espère bien que personne ne me prendra pour un partisan de la taxe des pauvres ; seulement, comme les adversaires de la liberté commerciale puisent un de leurs principaux arguments dans les lieux-communs sur le paupérisme britannique, il m'a semblé utile démontrer que les souffrances du prolétariat en Angleterre sont probablement moins grandes que chez nous, et que nos rivaux ont infiniment plus de ressources pour y porter remède.

Pousser le parallèle jusque dans le domaine des faits moraux comparer par exemple les ressources et les progrès de l'instruction populaire dans les deux pays, ce ne serait pas sortir du domaine de l'économie politique, car à l'origine de tout progrès social il y a une question d'argent, et c'est ce qu'on ne remarque pas assez. Pour 1,000 individus de chaque sexe qui se présentent pour contracter mariage, on compte en Angleterre 295 hommes et 412 femmes incapables de signer ou même de lire leurs noms. En Ecosse, les illettrés sont seulement dans la proportion de 114 pour les hommes et de 228 pour les femmes. — En France, on a constaté en 1859, par chaque millier de mariages, que 308 hommes et 456 femmes sont dépourvus de l'instruction la plus élémentaire. La supériorité de l'Angleterre sur ce point n'est pas très sensible, parce qu'il n'était pas dans ses traditions administratives de pourvoir aux dépenses d'école. Elle rougit aujourd'hui de sa négligence et s'applique à la réparer ! Mais pourquoi restons-nous tellement au-dessous de l'Ecosse comme de beaucoup d'autres pays ? Est-ce qu'il y a dans la société française moins d'estime pour l'instruction, moins de pitié pour ces pauvres créatures que l'ignorance absolue va livrer à toute sorte de misères et de périls ? Non : c'est tout simplement parce que la France, qui s'est crue si souvent assez riche pour des dépenses de luxe, ne l'est point assez pour payer un bon et large enseignement populaire. Suivant le remarquable rapport auquel a donné lieu le concours des instituteurs primaires ; il n'y a eu qu'une voix pour demander que chaque commune ait sa maison d'école : 10,000 communes seulement sur 37,000 ont cet avantage, et pour élever dans les autres localités les bâtiments les plus modestes, il y aurait à dépenser 200 millions ! Il faut que la France apprenne encore à travailler et à économiser pour pouvoir faire un pareil sacrifice.

En rapprochant les traits principaux de ce parallèle, voici donc la population anglaise augmentant rapidement et suivant une progression qui se soutient depuis le commencement du siècle, tandis qu'en France l'accroissement est faible, avec tendance à se ralentir. L'Angleterre depuis 1815 diminue le capital et l'intérêt de sa dette publique : la dette de la France pendant le même temps est triplée en capital et doublée en intérêt. Vers la fin du dernier siècle, les forces productives des deux nations se balançaient : aujourd'hui l'industrie britannique dépasse la nôtre de 90 pour 100 à l'importation, de 44 pour 100 à l'exportation ; elle a cinq fois plus de capital au service de son commerce, et sa marine marchande est cinq fois plus forte que la nôtre. On constate une progression dans le salaire des ouvriers et une tendance à la baisse dans les prix des objets de grande consommation. Pour les classes moyennes ou nécessiteuses, le repos des vieux jours est assuré par des économies cinq fois plus fortes. Il y a plus d'enfants dans les écoles, le respect des institutions nationales est dans les cœurs, comme le sentiment de la stabilité dans les familles. Est-ce là, comme on l'entend dire niaisement, le résultat d'une supériorité de race ou l'effet d'un ressort nouveau, agissant au sein de la population britannique beaucoup plus énergiquement que partout ailleurs ?

## II. — Où va l'Europe ?

Que la France se soit notablement enrichie depuis le commencement du siècle, cela est incontestable. En étudiant ce mouvement progressif isolément, ou même en le comparant aux faits accomplis dans les autres pays européens, l'Angleterre exceptée, on arriverait aisément à partager l'optimisme dans lequel s'endort trop souvent notre énergie nationale. D'où vient donc que le rapprochement de notre situation avec celle de l'Angleterre éveille en nous une douloureuse tristesse, car le parallèle n'est pas flatteur pour nous, il faut l'avouer, et je serais surpris qu'il ne suscitât pas dans les âmes françaises un sentiment d'humiliation et d'inquiétude ? — L'explication à donner est bien simple. La France a repoussé avec obstination les lumières de la science économique : jusqu'en 1860, elle a vécu sur les traditions et les pratiques routinières du passé. Elle a progressé néanmoins, elle a fait sortir d'un système faux tout ce qu'il était possible d'en tirer, parce que la nation est ingénieuse et vaillante au travail ; mais l'Angleterre avait pris l'avance : elle s'était mise hors de concours au moyen d'un principe nouveau. Pendant vingt ans, elle a eu pour ainsi dire le monopole du grand moteur, qui est la liberté, et sa situation au sein des nations rivales a été celle des industriels pourvus les premiers de machines à vapeur au milieu de leurs concurrents obstinés à garder leurs vieux manèges.

La synthèse de cette expérience ne s'est pas encore faite dans l'esprit des peuples ; mais les résultats parlent aux yeux, et malgré le superbe dédain que tant de gens professent encore pour les théories, on commence à entrevoir que la liberté industrielle pourrait bien être un bon instrument de production, c'est-à-dire d'enrichissement. Or les dépenses publiques augmentent partout, et il y a peu de pays dont les finances ne soient pas embarrassées. La plupart des gouvernements sont dans la situation de l'industriel qui, ne faisant plus ses frais parce que son outillage est vieilli, se met en quête d'instruments et de procédés meilleurs. Depuis quatre ou cinq ans, un mouvement curieux et significatif se dessine. Je ne sais guère de pays où l'on n'ait pas manifesté par quelque décret une tendance à faciliter les transactions ou à simplifier la législation douanière. En Belgique, où l'on considère comme une nécessité de salut public de devancer toujours la France, on ne se contente pas de marcher à grands pas dans la voie du libre échange, on abolit les octrois à l'intérieur. Cavour a laissé au Piémont un projet du même genre, qui sera respecté comme un vœu testamentaire. La Hollande n'a presque plus rien conservé de son système protectioniste ; elle a aboli jusqu'aux privilèges de sa marine et de ses pêcheries nationales. L'Allemagne, malgré la tyrannie de ses coutumes historiques, sacrifie ses vieilles corporations industrielles ; on a prononcé leur abolition immédiate ou prochaine en Autriche, en Prusse, en Saxe, à Brème. Comme préparation à une liberté plus complète, la famille germanique introduit en ce moment l'uniformité dans sa législation commerciale, son régime monétaire, son système des poids et mesures. On poursuit en plusieurs pays le rappel des lois contre l'usure. On a compris que l'obstacle à la circulation est un obstacle au travail. À peine la suppression des péages du Sund et de Stade est-elle accomplie, qu'on a pris à tâche d'affranchir l'Elbe, l'Escaut et le Rhin. L'usage des passeports est condamné partout, et déjà l'étranger voyage aussi librement en Belgique, en Italie et en Suède que l'Anglais en France. Dénoués ou brisés, les liens du régime féodal sont mis au rebut, comme un outillage rongé par la rouille. Dans le nord de l'Europe et particulièrement dans les pays Scandinaves, le rachat forcé des terres nobles par le fermier héréditaire est le ressort caché qui donne le branle à la politique. En Russie, le tsar affranchit le travail malgré les périls de l'entreprise, parce qu'un péril plus grand encore est la ruine des finances, l'amoindrissement des forces nationales par défaut de production.

La France ne pouvait pas rester immobile au milieu de cette progression générale. La réforme a d'ailleurs été préparée et limitée chez nous avec une réserve et une condescendance presque timides pour les intérêts qui se prétendaient sacrifiés. Les prohibitionistes ont été avertis six ans avant le traité avec l'Angleterre par des mesurés qui, sans leur porter un préjudice direct, mettaient en échec le principe de leur oligarchie. La lettre impériale du 5 janvier 1860 et le traité de commerce avec l'Angleterre ont introduit enfin dans notre législation commerciale, non pas encore la liberté, mais son germe. Levée irrévocable des prohibitions absolues, remplacement des privilèges exclusifs attribués jusqu'ici à certaines industries par des droits encore fortement protecteurs, mais du moins réductibles selon l'opportunité, exonération des matières qui alimentent les ateliers, recherche des points où les dégrèvements peuvent développer la consommation des denrées exotiques : tel est le programme. Il a paru hardi les premiers jours : on le trouvera modeste lorsque la résistance des grands intérêts, si puissamment coalisés chez nous, sera une impression effacée. L'épreuve, coïncidant à ses débuts avec un ensemble de circonstances défavorables au commerce, n'a point donné de ces résultats saisissants qui remuent l'opinion. Néanmoins deux faits importants sont acquis : l'industrie française n'a pas été bouleversée par des inondations de marchandises étrangères, et dans nos grandes usines, où le progrès est entré de force, les perfectionnements se multiplient déjà avec la fougue et les ressources de l'esprit français. Les monopoles forment une espèce d'édifice dont les matériaux se soutiennent : qu'il en tombe un et les autres sont ébranlés. L'échelle mobile vient d'être supprimée presque sans contestation, et tout le monde s'en trouve bien. On a senti que notre code de commerce n'est plus de notre temps, et une commission d'étude a été instituée pour en préparer la refonte.

La première étape est franchie : rétrograder serait une calamité, stationner est impossible ; il faut avancer. Croire, d'après le sens que le vulgaire attribue au mot de libre échange, qu'il s'agit simplement d'échanges internationaux et de la réduction des tarifs douaniers, ce serait une erreur. Le mouvement, très avancé en Angleterre, à peine commencé en France et destiné à se généraliser en Europe, n'est rien moins que l'introduction du principe de liberté dans tous les actes concernant le phénomène de la production, crédit, sociétés commerciales, fiscalité, éducation professionnelle. Que les hommes d'état ne s'y trompent pas, c'est une grande évolution historique dont l'heure est venue, et à ce titre notre époque, si tourmentée, si peu éclairée sur l'œuvre qu'elle accomplit et si ennuyée d'elle-même, est néanmoins destinée à compter, parmi les plus mémorables.

J'arrive enfin aux conclusions positives, applicables à notre temps, dont cette longue série d'études n'a été que le commentaire historique. Il y a dans le développement des sociétés deux ordres de faits qui, bien que réagissant incessamment l'un sur l'autre, sont tout à fait distincts : *l'ordre politique*, où l'on essaie de ramener à la notion absolue du droit les faits accidentels résultant des antécédents historiques et des passions humaines, et *l'ordre économique*, concernant seulement la production des biens matériels dont l'homme ne peut se passer, et régi par des lois naturelles et positives comme la physique et l'astronomie. Malgré l'indifférence dédaigneuse de la plupart des hommes d'états surtout en France, ce second ordre de faits est de beaucoup le plus important, car il est matériellement impossible de conserver les bonnes constitutions politiques avec une mauvaise économie, tandis qu'une bonne économie amènera inévitablement des institutions politiques vraiment libérales.

Un grand progrès serait accompli, un motif d'espérance et une garantie de sécurité existeraient pour l'avenir, si tous les esprits étaient imprégnés du principe générateur de l'économie politique ; ce principe, je vais essayer de le formuler :

1° Aucune société humaine, depuis la sauvagerie bestiale jusqu'à l'idéal de la civilisation, ne peut exister sans accomplir une quantité de travaux mesurée sur le développement des besoins. Ce travail collectif, comprenant tous les genres d'activité, depuis le labeur manuel jusqu'à l'exercice des plus hautes facultés de l'esprit, constitue un fait primordial que je caractériserai par cette formule : *le phénomène de la production*.

2° Le phénomène de la production ne peut être effectué que de deux manières : suivant le *principe d'autorité*, c'est-à-dire en vertu de conventions accidentelles ou de règlements prétendus tutélaires, dont l'effet est de substituer la prévoyance du pouvoir à celle de l'individu et de limiter plus ou moins la force productive inhérente à chacun des membres du corps social ; — ou bien le phénomène s'accomplira suivant le *principe de liberté*, c'est-à-dire en laissant à l'individu la pleine et entière disposition de ses aptitudes, sans autre limite qu'une liberté égale chez autrui.

3° La somme de production dans un pays est proportionnelle au degré de liberté économique : autrement dit, la quantité des choses produites augmente ou diminue selon qu'on se rapproche ou qu'on s'éloigne du principe de liberté. Il est incontestable, en thèse générale, qu'entre deux travailleurs celui qui sera le moins gêné dans l'exercice de ses facultés produira le plus.

Voilà donc, au seuil de l'économie politique, trois axiomes solides et puissamment enchaînés, et, pour peu qu'on y réfléchisse, on verra qu'ils constituent dans leur ensemble une de ces grandes lois naturelles qu'on retrouve au point de départ, de toutes les sciences exactes. Les sciences ne deviennent fécondes que lorsqu'elles sont engendrées et éclairées par quelqu'une de ces évidences resplendissantes. L'utilité spéciale de l'économie politique est de rechercher en quoi et comment la liberté du travail est paralysée : tâche simple en apparence, immense en réalité et presque inépuisable. La politique proprement dite, qui n'a guère été jusqu'ici qu'un empirisme, deviendra une science à son tour, lorsqu'elle daignera acquérir des lumières suffisantes sur le phénomène de la production.

Il y a malheureusement chez les personnes accoutumées à tenir leur esprit dans les hautes régions, chez les théoriciens du droit politique, les historiens, les philosophes, une prévention instinctive contre ces vérités, qui devraient être élémentaires pour tout le monde. « Voulez-vous rapporter toute la science sociale à l'assouvissement des appétits ? N'y a-t-il pas aussi des ressorts politiques dans les forces intellectuelles, les besoins moraux, et notre siècle n'a-t-il pas trop sacrifié déjà aux intérêts sordides ? » Cette objection est si souvent faite aux économistes qu'il me semble encore l'entendre bourdonner à mes oreilles. Supposer que l'économie politique méconnaît les intérêts de l'ordre moral et prétend les éliminer, c'est montrer qu'on n'a pas même la notion des tendances et des procédés de cette science. On accordera sans doute que le mercenaire qui épuise toutes les forces de son corps dans un travail abrutissant n'a pas grande chance d'enrichir son âme, et qu'à toute culture de l'esprit correspond une certaine dépense de temps et d'argent. Si le consommateur, exonéré des tributs prélevés par les privilégiés et moins entravé lui-même dans sa spontanéité, en arrivait à payer avec huit heures de son propre travail ce qui lui en coûtait dix précédemment, il gagnerait la valeur de deux heures qu'il pourrait appliquer à la culture de ses facultés ou à l'exercice de ses droits civiques. Eh bien ! le propre de l'économie politique est de diminuer la tyrannie des besoins matériels au moyen d'un travail fécondé par la liberté ; loin d'étouffer les nobles sentiments, elle en est l'auxiliaire indispensable.

Je n'hésiterai pas à dire : « Les accidents politiques au sein d'une nation y sont déterminés presque toujours par la manière dont s'y accomplit le phénomène de la production. » Partant de cet axiome que l'abondance des produits est proportionnelle au degré de liberté économique, on arrive à constater que toute infraction à cette liberté au préjudice des uns constitue un privilège pour d'autres, car une chaîne qui lierait également tout le monde serait bientôt brisée. En conséquence, il ne serait pas difficile de démontrer que plus la somme des ressources est amoindrie par l'effet d'un mauvais régime, plus l'inégalité entre les classes se prononce, et plus aussi il y a exubérance au sommet, souffrance et rancunes à l'extrémité inférieure, plus se multiplient les vertiges populaires et les chances de révolutions [21].

Il y a des gens, en plus grand nombre qu'on ne pense, qui ne se laissent guère émouvoir par les arguments de cette nature. Leur théorie sociale est beaucoup plus simple. « Aux pauvres, on fait l'aumône quand on peut ; aux turbulents, on oppose la force. On conserve ce qui est tant qu'on s'en trouve bien : on se tient en garde contre l'inconnu de ces améliorations qui peuvent aboutir à des déplacements de richesse et d'influence. » Avec les égoïstes qui raisonnent ainsi, il faut employer un autre genre de démonstration, brutale dans son évidence, tant elle touche au vif des grands intérêts nationaux. Entre deux pays rivaux, celui où l'activité industrielle sera le moins entravée deviendra nécessairement le plus riche, et suivant une loi qui s'accentue davantage à chaque progrès de la civilisation, le pays le plus riche exercera dans la politique générale une action prépondérante. Il pourra intervenir souverainement dans les entreprises pacifiques par la supériorité de son capital, et lorsqu'il s'agira de soutenir ses prétentions par les armes, les chances seront encore pour lui. Quand le plus grand homme de guerre des temps modernes a dit : « La victoire reste toujours aux gros bataillons, » il ne songeait pas au nombre des soldats qu'on peut en un jour donné pousser sur un champ de bataille ; lui-même, qui a presque toujours été victorieux malgré l'infériorité du nombre, aurait été la réfutation vivante de ses propres paroles. Il voulait dire, et il était dans le vrai, que les probabilités sont pour le peuple qui a le plus de ressources pour lever plus de soldats, les mouvoir plus rapidement, les nourrir le mieux et le plus longtemps, renouveler leur matériel, réparer les pertes d'hommes en achetant des alliés ou en soldant des coalitions. À force de science et de progrès, la stratégie tend à devenir une espèce de mécanique où la supériorité doit rester à celui qui possède l'outillage le plus destructeur ; tout cela est affaire d'argent, et il serait presque permis de dire que les gros bataillons sont aujourd'hui les gros sacs d'écus.

Il faut tenir compte aussi comme élément de force militaire des accroissements de population. Par exemple, si rien ne venait modifier la condition économique des deux pays rivaux, la population britannique serait dans vingt ans, égale en nombre à celle de la France. Lorsque le congrès de Vienne prit à tâche d'équilibrer les forces de l'Europe, le groupe des cinq grandes puissances comprenait 126 millions de têtes : la France, avec ses 29 millions d'âmes, y faisait nombre dans la proportion de 23 pour 100, un peu moins de 1 contre 4. La population française n'ayant pas progressé autant que les autres, le prétendu équilibre de 1815 est rompu à notre désavantage. les cinq grandes puissances comprennent aujourd'hui 186 millions d'habitants. La France, n'en possédant que 37,400,000 même, après l'acquisition des trois départements nouveaux, ne figure plus dans le concert des puissances prépondérantes que dans la mesure de 20 pour 100, soit 1 contre 5. Tout cela mérite assurément qu'on y réfléchisse.

Dans l'étude où j'ai résumé l'histoire économique de l'Angleterre, j'ai rappelé que jusqu'à présent, dans toutes les sociétés connues, la liberté de l'homme, considéré comme agent producteur, avait toujours été entravée ou faussée par des combinaisons arbitraires, et qu'il en était résulté une déperdition inimaginable de forces et de produits. Après avoir signalé dans l'expérience anglaise « l'introduction d'un principe dont la tendance est de rendre à chacun le libre essor de ses aptitudes, la pleine propriété de son énergie industrielle, » j'ai ajouté que c'était là un fait nouveau dans le monde, et, à mon sens, « une révolution destinée à faire date dans l'histoire de l'humanité. » Je me suis abstenu d'insister sur cette affirmation, qui, dénuée de preuves, aurait eu l'air d'une utopie. Je crois pouvoir maintenant compléter ma pensée.

André Cochut

Scientifiquement, le principe de la liberté du travail n'est pas un dogme nouveau, je le sais comme tout le monde : faire honneur de l'invention aux hommes d'état de la Grande-Bretagne, ce serait spolier de leur gloire les philosophes français qui l'ont formulé, il y a juste un siècle ; mais au point de vue des sociétés les doctrines nouvelles professées dans les livres ou dans les écoles sont peu de chose. Les hommes les plus éminents du jour sont précisément ceux qui se refusent à les étudier, parce que, n'ayant rien à désirer pour eux-mêmes, ils sont à l'état de défiance instinctive contre les nouveautés. Aux yeux des hommes politiques, une doctrine est nouvelle, elle commence à exister du jour où la force des choses la fait entrer malgré tout dans les lois écrites et dans les habitudes populaires. Qu'il me soit permis de montrer par un exemple comment un principe social déjà ancien devient une nouveauté politique.

Suivant le codé de la procédure romaine, tout esclave pouvait être torturé jusqu'à la mort, même pour un délit auquel il était personnellement étranger, quand on croyait sa déposition nécessaire pour éclairer la justice. On exigeait seulement que le plaideur par qui ce genre de preuve était sollicité consignât une somme égale à la valeur vénale du patient, afin que le propriétaire de l'esclave n'éprouvât aucun préjudice. La loi ne connaissait que l'intérêt du maître : la commisération pour le malheureux innocent qu'on allait estropier ou tuer n'avait aucune place dans les âmes. Il y avait même dans la bonne compagnie un préjugé défavorable au citoyen qui hésitait à livrer au bourreau un esclave dont on offrait de lui rembourser le prix. Sous Tibère, un sénateur, neveu de Pompée, jeune, ambitieux et dissolu, fut dénoncé et mis en jugement pour crime de sorcellerie. On, l'accusait d'avoir consulté des devins et évoqué des fantômes pour savoir s'il était destiné à jouer un rôle politique. La seule pièce à charge contre lui était un écrit qu'il déclarait faux. Les délateurs demandèrent qu'on appliquât la question à ceux de ses esclaves qui devaient connaître son écriture. Une ancienne loi défendait qu'on reçût en justice les dépositions, de l'esclave contre le maître ; on éluda cet obstacle en faisant acheter par le fisc les esclaves dont on espérait arracher les aveux au milieu des tourments. Voilà certes une monstruosité révoltante. Tacite, qui la rapporte, n'en est pas ému le moins du monde. S'il s'indigne, c'est contre Tibère, qui trouve moyen de fausser la loi en faisant servir la parole des esclaves à la condamnation de leur maître. L'homme libre blessé dans son droit, c'est tout pour lui : la troupe servile qui va souffrir et mourir sans être coupable, ce n'est rien. Et cependant Tacite était, suivant les idées de son temps, un homme honorable autant qu'un esprit supérieur. Il avait bien entendu dire que, depuis un demi-siècle, il existait « une classe d'hommes détestables pour leur abominations, et que le vulgaire appelait chrétiens. » Il n'ignorait pas que, dans certains clubs ou églises, l'on osait enseigner que les hommes sont frères, et qu'ils se doivent mutuellement, sans distinction de race ou de caste, non-seulement justice, mais affection. Tout cela n'était pour ce grand esprit qu'une folie dangereuse. Placé pour observer au point de vue de sa caste, il ne constatait les misères de son temps que par les côtés où lui-même était froissé, par la privation des droits civiques. Une société sans esclaves était à, ses yeux une société sans travail, c'est-à-dire une impossibilité matérielle, une ineptie. L'esclavage lui paraissant un ressort social indispensable, il admettait toutes les infamies indispensables pour le conserver, sans que sa conscience lui en fît reproche. Il y a plus : au temps de Tacite, ceux qui professaient la fraternité humaine auraient sans doute été bien embarrassés, s'ils avaient été mis en demeure d'adapter leur principe au gouvernement des peuples. Ils fuyaient jusqu'au fond des déserts devant le problème qu'ils avaient soulevé ; ils tâchaient d'échapper par un élan mystique aux réalités terrestres. Deux ou trois siècles plus tard, après des crises politiques et des déplacements d'intérêts, après des perfectionnements industriels empruntés surtout à l'Orient et un développement des forces productives qui fit rejeter l'esclavage antique comme un outil insuffisant, on arriva à la conception d'un régime destiné à.se rapprocher peu à peu du sentiment chrétien. Alors seulement le christianisme, quoiqu'il fût déjà vieux dans les âmes, apparut aux hommes d'état comme un principe nouveau, comme un moteur social supérieur au mécanisme ancien, et qu'on ne pouvait plus éviter d'appliquer au gouvernement des peuples.

À Dieu ne plaise que j'assimile la grande révolution morale dont le germe était dans l'Evangile aux réformes matérielles dont il s'agit en ce moment ! J'ai voulu seulement faire comprendre comment et à quelle heure les esprits positifs, les hommes d'état, après avoir longtemps repoussé un principe dont l'application leur paraissait chimérique, sont amenés à l'adopter comme une force politique. Quand les philosophes réunis dans l'entre-sol du docteur Quesnay constataient les mauvais effets de la plupart des règlements commerciaux, et protestaient contre l'arbitraire en lançant cet axiome si vague qu'il semble un défi jeté à l'intelligence du vulgaire : « laisser faire, laisser passer, » avaient-ils une vue bien nette de ce qu'ils demandaient ? Avaient-ils poussé l'analyse au point de savoir quels changements amènerait la prépondérance absolue du principe de liberté dans le phénomène de la production ? Cela est fort douteux, car de leur temps il n'y avait, pour ainsi dire, pas de banques, pas de grandes associations de capitaux ; les sciences ne s'étaient pas encore mises au service de l'industrie ; toute sorte de préjugés et de répugnances séparaient les peuples. Il n'est donc pas surprenant qu'on ait vu tant d'hommes, l'état qui, sans être précisément des Tacites, étaient néanmoins des historiens, des orateurs, des publicistes éminents, et qui se sont obstinés à considérer la liberté économique comme une abstraction creuse. L'expérience anglaise ouvrira leurs yeux, et c'est pourquoi j'ai cru devoir en exposer les phases et les résultats avec tant de développement et d'insistance. L'utopie des économistes a pris corps : elle est devenue un fait politique. Le principe de liberté dans l'ordre économique étant un instrument de production d'une force supérieure, — la négation serait déraisonnable aujourd'hui, — il est matériellement impossible que les nations rivales, et surtout la France, laissent sciemment à l'Angleterre le monopole de cet instrument, dont l'usage exclusif augmenterait de plus en plus sa prépondérance. Le principe nouveau entrera donc, malgré toutes les résistances et avec toutes ses conséquences, dans les lois et dans les mœurs des autres peuples. Ce mouvement réalisera, sans danger pour l'ordre, la véritable émancipation du travail : ce sera 89 sortant des abstractions pour entrer dans la pratique.

Quoique l'évolution soit commencée, il y aurait trop de présomption à dire quand, comment et par qui elle s'achèvera. C'est un problème à mille faces, qui exige une élaboration collective et qui est digne en effet d'exercer les meilleures intelligences. On peut toutefois entrevoir dès à présent que cette grande nouveauté, réagissant sur toutes les affaires contemporaines, y fera surgir des incidents et des solutions imprévus. Qu'on se place par exemple en regard de ces deux gros problèmes autour desquels tourbillonnent, comme dans le souffle des orages, les intérêts et les passions politiques de notre temps : ce besoin d'expansion et de dignité dans la multitude qu'on appelait en temps de révolution « l'affranchissement du prolétariat, », et la tendance actuelle des peuples à se grouper d'après certaines affinités naturelles, ou, comme on dit en termes encore bien vagues, suivant « le principe des nationalités. » Si on aborde ces questions sans tenir compte de la transformation économique, tout y parait sombre et menaçant ; qu'on les transporte au contraire dans un milieu où le phénomène de la production ne serait plus faussé, et les solutions se présenteront d'elles-mêmes aux esprits comme les conséquences naturelles et pacifiques d'un nouvel ordre de choses.

Un grand malheur pour notre pays à tous égards serait que la haute bourgeoisie, en voyant tomber un à un les privilèges dont il était bon de lui rappeler l'origine, s'imaginât que les changements amenés naturellement par le progrès des âges sont le résultat de quelque machination ourdie contre elle. Peut-être en effet y aurait-il péril pour ses intérêts, si, fermant les yeux pour ne pas voir, elle s'obstinait dans la négation et la résistance. Qu'elle étudie le mouvement, qu'elle s'y associe franchement comme ont fait les classes supérieures de la société anglaise, et, comme celles-ci, elle conservera, avec les avantages positifs qui lui donnent aujourd'hui la prépondérance, une influence morale dont notre pays peut encore avoir besoin.

Quels que soient en définitive les incidents qui modifieront en Europe le phénomène de la production, en y faisant prédominer de plus en plus le principe dont je signale l'avènement, bien qu'il ne s'agisse en apparence que des intérêts matériels, il y aura certainement profit pour la cause libérale. C'est que l'économie politique est l'atmosphère où les nations se meuvent. Les savants nous disent que, dans la création, les êtres se sont perfectionnés à mesure que s'est améliorée leur atmosphère. De même la politique générale, dans un milieu économique où la liberté s'introduit à son heure avec la force invincible de toute grande loi naturelle, ne peut manquer de subir des transformations dans le sens de la liberté.

André Cochut

## Notes

1.     J'ai pris en général comme point de comparaison l'année 1859, et pour plusieurs motifs. Cet exercice est de part et d'autre le dernier dont les résultats aient acquis un caractère officiel. En ce qui concerne la France, l'année 1859 étant antérieure aux changements déterminés par l'annexion de la Savoie et par les premiers essais de réforme commerciale, on peut dire qu'elle est la dernière expression de notre ancien régime économique.
2.     L'émigration véritable, c'est-à-dire l'établissement perpétuel ou temporaire à l'extérieur, est presque nulle en France. Elle n'atteint que difficilement le chiffre de 12,000 par année, non compris l'Algérie ; mais l'Afrique française n'exerce encore sur les émigrants qu'une bien faible attraction.
3.     Les évaluations approximatives de l'administration on 1801 donnaient pour chiffre de la population 27,349,003.
4.     En Ecosse, pour une population de 3,104,000 habitants, l'excédant des naissances sur les décès a été en 1859 de 47,958, soit un accroissement d'un individu par 65 habitants ; en 1860, l'excédant a été seulement de 37,226, soit 1 individu de plus pour 85 habitants.
5.     Les éléments de ce tableau sont généralement empruntés à l'Annuaire du Bureau des Longitudes.
6.     Pendant cette période quinquennale, deux années sur cinq (1853 et 1854) présentent une diminution au lieu d'un accroissement : c'est ce qui abaisse ainsi la moyenne des cinq années.
7.     Publication officielle du dernier recensement dans le Moniteur du 12 janvier.
8.     Voir le Times du 18 octobre 1801. — Voici d'ailleurs l'exposé comparatif pour l'année 1859 :

| | Naissances | Décès | Accroissement de la population |
|---|---|---|---|

| | | | |
|---|---|---|---|
| Angleterre, Ecosse, Irlande | 1,034,821 | 661,171 | 373,650 |
| France | 1,017,868 | 979,383 | 38,563 |

Pour une comparaison rigoureusement exacte, il y aurait à tenir compte, d'une part, de la guerre d'Italie soutenue par la France, et, d'autre part, des pertes que l'Angleterre a pu subir dans l'Inde, ou par les émigrations volontaires.

9.     Une assez forte partie de la dette anglaise existe sous forme d'annuités qui s'amortissent d'elles-mêmes.

10.    Crédits accordés pour l'exercice 1861.

| Dette publique | Charge annuelle | Capital nominal |
|---|---|---|
| Rente 4 1/2 pour 100 | 173,408,534 | 3,853,000,000 |
| Rente 4 pour 100 | 2,335,052 | 58,000,000 |
| Rente 3 pour 100 | 178,168,596 | 5,972,000,000 |
| Emprunts spéciaux pour canaux, intérêts et amortissement | 9,491,627 | |
| Intérêts des cautionnemens capitalisés à 3 pour 100. | 7,700,000 | 290,000,000 |
| Dette flottante du trésor capitalisée à 4 p. 100. | 24,000,000 | 600,000,000 |
| Rentes viagères, d'origine ancienne | 658,780 | |
| Rentes viagères, pour la vieillesse. | 3,100,000 | |
| | 398,861,189 | 10,773,000,000 |

Voir, pour les chiffres qui précèdent, le budget provisoire de 1862, page 322 et suivantes, et, pour d'autres emprunts faits ou à faire, les documents postérieurs.

11. Voir, pour la France, Arnould, Balance du commerce, et pour l'Angleterre, les encyclopédies commerciales de Macpherson, d'Anderson et de Mac-Culloch.

12. Suivant les renseignements produits devant les chambres françaises en 1814, la France avant 1780 fournissait 80,000 tonnes de très bon fer.

13. Peuchet, Statistique de la France, 1805.

14. Dans la confection des tableaux des douanes que je compare, il y a des différences dont il est bon de tenir compte. Les documents français distinguent, comme chacun sait, le commerce général et le commerce spécial, et pour chacune de ces catégories des valeurs officielles remontant à 1820 et des valeurs actuelles représentant les cours du jour. En Angleterre, on ne mentionne à l'importation que ce qui correspond à notre commerce général, et les valeurs sont actuelles et vérifiées. Quant, aux exportations, on n'additionne que le produit du sol et des ateliers métropolitains, ou valeurs positives. Les produits des colonies britanniques sont classés comme articles de transit et non évalués. Pour diminuer les causes d'erreur, il faut comparer à l'importation le commerce général, et à l'exportation le commerce spécial, le tout estimé aux prix du jour.

15. Cette quantité de matière brute équivaut à 5 milliards 800 millions de mètres de calicots.

16. La comparaison des chiffres du tonnage, quoique déjà bien défavorable pour nous, ne donne encore qu'une faible idée de notre infériorité. Pour approcher de la triste vérité, il faudrait comparer aussi la longueur moyenne des voyages. On verrait par exemple qu'en 1860 l'Angleterre a envoyé en Asie 1,005,278 tonneaux sur 1,407 vaisseaux britanniques, et aux États-Unis d'Amérique 522,078 tonneaux sur 629 de ses vaisseaux. — Voici les chiffres pour la France en cette même année 1860. Asie : 112 navires français, mesurant 54,699 tonneaux ; États-Unis : 20 navires, avec 7,691 tonneaux.

17. Nombre des navires de la marine française marchande enregistrés au 31 décembre 1860 : Bâtiments à voiles, 14,708 jaugeant 928,099 tonneaux.

Bâtiments à vapeur 314 jaugeant 68,025 tonneaux.
18.     Voyez Tooke et Newmarch, History of prices, tome VI, pages 605 et 743. — L'abondance vivifiante du capital mobile en Angleterre tient pour beaucoup à l'usage des chèques, qu'il serait si important de naturaliser chez nous.
19.     « Il a été calculé en 1849 qu'une somme de cent cinquante millions sterling était assurée dans les offices anglais, et trente-quatre millions en Ecosse. Suivant les probabilités, la somme assurée a présent dans les trois royaumes unis atteint, si elle ne dépasse, deux cent millions de livres sterling ! » (Revue d'Edimbourg ! » janvier 1859.)
20.     Les chiffres consignes ici relativement au paupérisme ne sont qu'approximatifs : ils sont tirés pour l'Angleterre des documents officiels les plus récents, et pour la France des rapports de M. Watteville, qui remontent déjà à plusieurs années.
21.     La société anglaise en a fait l'expérience. Après 1815, elle était mise en péril par les passions subversives des basses classes, et cependant chaque contribuable payait alors 17 francs pour la taxe des pauvres. Sous l'influence de la réforme qui a augmenté les ressources en affranchissant le travail, l'homme riche n'est plus taxé aujourd'hui qu'à 7 francs, et il n'éprouve plus aucune espèce d'inquiétude pour les institutions de son pays, ni pour lui-même. On tend vers une phase où la taxe des pauvres sera, sinon supprimée, au moins presque inutile.

ISBN : 978-1545571118

André Cochut

www.ingramcontent.com/pod-product-compliance
Lightning Source LLC
Chambersburg PA
CBHW061438180526
45170CB00004B/1465